Das Saarland

Ludwig Harig / Siegfried Layda / Ellert & Richter Verlag

Ludwig Harig, geb. 1927 in Sulzbach (Saarland), begann seine schriftstellerische Laufbahn 1955. Er schreibt Essays, Hörspiele und Romane. Zu seinen bekanntesten Veröffentlichungen zählen „Heimweh“ (1979), „Trierer Spaziergänge“ (1983) sowie „Ordnung ist das ganze Leben“ (1986), „Weh dem, der aus der Reihe tanzt“ (1990), „Der Uhrwerker von Glarus“ (1993), „Zum Kap der Guten Hoffnung“ (1994) und „Wer mit den Wölfen heult, wird Wolf“ (1996). Er erhielt zahlreiche Auszeichnungen, Kunstpreise und Medaillen.

Siegfried Layda
geb. 1941 in Berlin. Fachschulstudium (Chemie). Zehnjähriger Aufenthalt in Afrika, wo er sich an der „Famous Photographers School“ der autodidaktischen Fortbildung widmete. Nach seiner Rückkehr nach Deutschland besuchte er die „Freie Kunstschule Wiesbaden“. Vielfältige Kurse und Workshops führten zum bewußten Einsatz der Fotografie als Gestaltungs- und Ausdrucksmittel. Seit 1988 ist er als Foto-Designer freischaffend tätig mit den Schwerpunkten Bildjournalismus, Architektur und Werbung.

Titelabbildung:
Saarschleife

Text und Bildlegenden: Ludwig Harig, Sulzbach
Fotografien: Siegfried Layda, Wiesbaden
Gestaltung: nach Entwürfen des Büros
Brückner + Partner, Bremen
Satz und Lithografie: appelt mediaservice GmbH, Berlin
Karte: Pietruska Verlag & Geo-Datenbanken GmbH, Rülzheim
Druck: C. H. Wäser Offset GmbH, Bad Segeberg
Bindung: Buchbinderei S. R. Büge, Celle

Die Deutsche Bibliothek - CIP-Einheitsaufnahme

Das Saarland / Ludwig Harig/Siegfried Layda. – 2. Aufl.
Hamburg : Ellert & Richter, 2000
(Eine Bildreise)
ISBN 3-89234-678-X
NE: Harig, Ludwig; Layda, Siegfried

Inhalt

Es habe schönere Zeiten als die unseren gegeben, bedauert Schiller in seinem bekannten Lied „An die Freunde", doch „könnte die Geschichte davon schweigen,/ Tausend Steine würden redend zeugen,/ Die man aus dem Schoß der Erde gräbt". Hier im Saarland reden die Steine sogar mehr und auch eindringlicher als anderswo, sie verschweigen weder die schöneren Zeiten, die vergangen sind, noch verstummen sie vor den Aussichten der Zukunft. Unsere Steine rücken mit der Sprache heraus, schwatzen von keltischen Fliehburgen, schwadronieren von römischen Villen, flüstern von galloromischen Götterbildern. Die Betonklötze des Westwalls berichten vom Krieg, die Sandsteinblöcke der Skulpturenstraßen feiern den Frieden. Da gibt es steinerne Stänkerer in der Menge und steinerne Prediger in der Wüste, und wer sie sucht, der findet sie auch.

Spazierpfade und Wanderwege, ländliche Fahrstraßen und Stadtautobahnen entlang all dieser Geschichte erzählenden Steine sind in den Landkarten eingezeichnet, sie weisen die Wege zum wortkargen Basalt im Steinernen Meer des Weißelbergs und zur gesprächigen Kohle in den Flözen des Sulzbachtals. Doch meine kleinen Reisewege durch unser Land sind nur ein paar ausgewählte von hundert anderen. Sie sind meine Lieblingswege, die den Neugierigen auf ganz andere Wege locken möchten. Jeder soll seine Wege selbst finden, vielleicht trifft er dabei auf Steine, die sich über Mißstände entrüsten oder auf solche, die von der besten aller möglichen Welten schwärmen – Geheimwege, die ich noch nicht gefunden habe. Jeder lauscht mit seinem Ohr, jeder hört etwas anderes. So wie der lateinische Dichter Lukan die Rhodopäischen Felsen hat sprechen hören, lausche ich den Stimmen des südafrikanischen Granits, den der Bildhauer Leo Kornbrust ins Land geholt hat, um eine Säule daraus zu meißeln.

St. Wendel, Straße der Skulpturen: Der Bildhauer Leo Kornbrust hat von Anfang der siebziger Jahre an Kollegen und Kolleginnen aus aller Herren Länder auf die Baltersweiler Höhe eingeladen, Steine in freier Natur zu meißeln, die ihre eigene Geschichte erzählen. Der Betrachter ist eingeladen, sie zu entschlüsseln und mit Sinn zu erfüllen.

Saarbrücken, lichter Punkt am Fluß

Wer von Kaiserslautern kommend über die Autobahn ins Saarland einfährt, tut gut daran, bei dem Schild „Herzlich willkommen im Saarland!" die Geschwindigkeit herabzusetzen, damit er nicht schon eine Viertelstunde später dem Land wieder den Rücken kehrt und übers lothringische Hochland nach Frankreich entschwindet. Als Max Bense, der Stuttgarter Philosoph, in den siebziger Jahren auf dieser Autobahn in Saarbrücken einfuhr und erlebte, daß sie ihn am Ufer der Saar entlang bis in die Stadtmitte führte, überkam ihn ein brasilianisches Hochgefühl. Er schwärmte von Vegetativem und Strukturalem, das sich hier harmonisch vereinige, und sagte, diese sich ausgleichenden Momente von Organischem und Geometrischem gemahne ihn an Hegel und seine Idee des modernen Urbanismus. Saarbrücken, die Stadt des nächsten Jahrtausends? Wenn das bloß kein Saarbrücker erfährt! Er hätte ein weiteres Indiz für sein großstädtisches Bewußtsein und Wasser auf seiner Mühle, das Unerklärbare zu erklären.

In diesem Augenblick noch mitten zwischen dichten Wäldern, durch die sich die Autobahn über Täler und Schluchten hinweg zur Höhe von Bischmisheim aufschwingt, weitet sich der Blick im nächsten plötzlich ins Tal der Saar. Linker Hand entfernt sich im welligen Hügelland die Kuppe mit der hochgelegenen Start- und Landepiste des Flughafens, die förmlich unter die Räder der Maschine springe, wie der Schriftsteller Dieter Hildebrand es kürzlich erlebte; rechter Hand öffnet sich der Talkessel, die Stadt bietet ihre Schauseite mit Dächern und Kirchtürmen, steil ragen die Schornsteine der Brebacher Hütte auf, und von den höchsten Hügeln beiderseits der Stadt leuchtet es grellgelb in der Morgensonne: diesseits des Flusses vom Halberg herab glänzen die Glas- und Betonbauten des Saarländischen Rundfunks, jenseits vom Winterberg her schillert die kubische Masse der Klinik. Zwischen Stiftskirche und Heizkraftwerk führt die Stadtautobahn vorbei an postmodernen Lärmschutzzäunen mit vorgespiegelten Pforten, die in exotische Parks und Gärten zu führen scheinen.

Saarbrücken, Alte Brücke mit Schloßkirche: Mitte des sechzehnten Jahrhunderts auf Veranlassung von Kaiser Karl V. errichtet, verbindet das wuchtige Bauwerk Alt-Saarbrücken mit St. Johann. Über den Fußgängersteg flaniert das fröhliche Stadtvolk, das beiderseits der Saar zum saisonbedingten Festefeiern zusammentrifft.

Samstags ist Wochenmarkt auf dem Ludwigsplatz. Vor dem Eingang der schlichten Barockkirche ist ein Teppich auf den Boden gebreitet, dreiviertel davon farblos und fleckig, von Staub überzogen, das vordere Drittel dagegen glänzt blitzblank. Der Teppichreiniger, ein stadtbekanntes Unikum mit eindrucksvoller Zahnlücke und martialischem Tiriac-Schnurrbart, schwingt seinen Schrubber durch die Luft. „Der Mensch darf keine zwei linke Hände haben!", ruft er über den Platz, „Schauen Sie her, wie man's macht!" und schwingt den Schrubber heftiger, indem er kunstvolle Halbbögen in der Luft beschreibt.
Die Saarbrücker schlendern an ihm vorbei, ihre Einkaufstaschen quellen über von Salat und Radieschen, Schnittlauch und Peterling (Petersilie) und prächtigem Frischgemüse von der Lisdorfer Au, Mangos und Papayas sind aus Australien, Äpfel und Weintrauben aus Neuseeland eingetroffen, ein Pfälzer Türke bietet Oliven und Calamares in Öl, Kapern in Essig und Schafskäse in Estragonsoße feil. Es gibt Peperoni und Brot aus biologisch-ökologischem Anbau, dazu „saarländisches Lamm – die gesunde Alternative" und Teigwaren in allen Variationen, denn: „Nudeln machen glücklich!" In der ambulanten Rotisserie Nouvelle aus Forbach drehen sich Hähnchen am Spieß, stolz reckt sich der blauweißrote Gockel auf der Autotür.
Eine Reisegruppe aus Rostock schiebt sich durchs Marktgedränge. Es sind Leute aus der Elektrobranche, die neuer Technologien wegen nach Frankfurt gefahren waren, nun aber für ein paar Tage den Anstrengungen des High-Tech entrinnen wollen und nach Saarbrücken kommen, die Segnungen der Gastronomie auszukosten. „Hier in der Ecke ist auf diesem Gebiet was los", sagt ein Starkstromingenieur zu mir, „gestern abend haben wir in einem Restaurant an der Grenze gegessen, das war mehr als üppig, muß ich sagen. Und dabei wird überall in Deutschland rumerzählt, die Saarländer hätten nix zu reißen und zu beißen. Junge, Junge, hier gibt's vielleicht nicht so teure Fenstervorhänge und Sitzgruppen aus echtem Büffelleder wie in Frankfurt, aber was auf den Tisch kommt, ist aller Ehren wert."
Auf der anderen Hälfte des Platzes, unter weißen Sonnenschirmen, sitzen ein paar Händler und begießen vor Mittag schon ihre Geschäfte. Die Saarbrücker haben „Fürst Ludwig", den Namen der Wirtschaft, zum „Feuchten Ludwig" umgewandelt: Ihre Erklärungsbesessenheit offenbart sich im zutreffenden Namen. Die Rostocker zieht's hinaus ins Deutschherrenviertel, wo zwischen Ordensgut und Ordenspfad die Deutschherrenkirche und das Deutschherrenhaus zu finden sind. Von dort ist es nicht weit zur Bellevue, von wo aus der Blick über die Grenze nach Lothringen geht, ins Eldorado der „Douce France", wo Milch und Honig fließen, auch wenn dort die Fenstergardinen noch schlichter und die Sesselgruppen nur aus Kunstleder sind.
Aus dem Geviert barocker Palais, in das die Gebäude der Staatskanzlei unauffällig eingepaßt sind, spazieren wir an Friedenskirche und Nanteser Platz vorbei zum Saarbrücker Schloß. Als „Bürger-", nicht als „Fürstenschloß" restauriert, ist es mit dem von Gottfried Böhm neu erbauten Mittelpavillon gleichviel wieder „ein lichter Punkt in einem so felsig waldigen Lande", als den Goethe die kleine Residenz zum erstenmal erblickte. Hufeisenförmig öffnet sich das Schloß zum „Platz des Unsichtbaren Mahnmals": Im Mittelstreifen der Auffahrt haben Jochen Gerz und seine Schüler der Kunsthochschule zweieinhalb tausend Pflastersteine eingelassen, gekennzeichnet mit den eingemeißelten Ortsnamen aller jüdischen Friedhöfe, die vor 1933 in Deutschland bestanden. Doch die Namen sind unsichtbar, denn die beschriftete Seite der Steine ist der Erde zugekehrt. „Platz des Vergessens" müßte der Platz eigentlich heißen, oder positiv ins Saarbrückerische gewendet: „Platz der Erinnerung".
Im Alten Rathaus hat das Abenteuer-Museum von Rox-Schulz seinen langen Samstag. Auf Fotos sehen wir den Globetrotter, wie er selbstbewußt mit Papuahäuptlingen und präkolumbianischen Eingeborenen posiert. Nicht Hirschfänger und Donnerbüchse, Schweiß-

tuch und Tropenhut sind seine Insignien auf den Ein-Mann-Expeditionen in den Sudan und nach Neuguinea gewesen. In den Vitrinen sind präparierte Riesenschlangen und Schwarze Witwen zur Schaulust für das Publikum erstarrt, aus listigem Glasauge blinzelt ein ausgestopfter Nashornkopf, Krokodilhäute und Schädelknochen, Elfenbeinzähne und Kriegermasken garnieren die Sammlung. Rox-Schulz erklärt, und da ist er ganz Saarbrücker: „Jedes Stück ist eine Seite aus meinem Lebensbuch."

Im Zoologischen Garten, wo das wilde Getier noch lebendig, festlich herausgeputzt und gezähmt ist, feiert die Stadt ihre „Nacht der Flamingos". Direktor Ceska, hoch zu Roß, mit Mittelscheitel und bunter Krawatte, streicht die Fiedel.

Saarbrücken, Brunnen auf dem St. Johanner Markt: Der weiße Obelisk, über einer Vase von der St. Johanner Rose gekrönt, ist Mittelpunkt des lieblichen Rokokoviertels. Zu seinen Füßen lagert sich junges Volk auf den Brunnenstufen und sonnt sich im süßen Nichtstun.

Während sich Jimmy und Jonny im Schimpansenkäfig einen Ringkampf liefern, Suma sich an der Backe kratzt und Trixi den Vogel zeigt, geigt Herr Ceska seine schwermütigen Weisen, dabei recken die Flamingos ihre Hälse, schlingen sie paarweise umeinander und setzen die Tanzbeine zum affektierten Pas de deux.

Wer mit der Bahn nach Saarbrücken kommt, sieht sich sogleich ins nächste Jahrtausend versetzt: Flankiert von der Bundesbahndirektion im völkischen Klassizismus und der neuen Post im zeitgenössischen Schuhschachtelstil öffnet sich der Vorplatz zur postmodernen Saar-Galerie. Eingepackt in eine Hülle aus Glas und Beton rauschen Rolltreppen und Fahrstühle gedämpft in die Tiefe und atmen einen Hauch von San Antonio. Die knallgelbe Postplastik in Form einer verknoteten Bratwurst zieht alle Blicke an, während das Denkmal aus verflossener Reichsbahnzeit im Gewirr der Buden und Busse unentdeckt bleibt: ein Architrav des alten Bahnhofsgebäudes mit Flügelrad und Kaiserkrone, mit aufgeplatzten Granatäpfeln verziert.

Zwischen Kaiserstraße, dem Bankenviertel und der Berliner Promenade, dem Fußgängersteig entlang der Saar, führt die Bahnhofstraße ins Stadtinnere. Nur noch spärliche Reste neugotischer Fialen der Gründerzeit schmücken ein paar Fronten der Geschäftshäuser, die meisten sind kahl und mit Kunststoffplatten gekachelt. Man sieht sie nicht, denn unter den Arkaden der fünfziger Jahre ist der Geschäftsbetrieb sinnenträchtig in Szene gesetzt: farbenfrohe Mode fürs Auge, Leutegemurmel fürs Ohr, und alle zehn Schritte abrupter Geruchswechsel nach Fisch, nach Leder, nach frisch gebackenem Käsegebäck. Beate Uhses „World of Erotic" ist zurückhaltender dekoriert als noch vor einem Jahrzehnt, der Straßenmaler hat sich vorgedrängt, auf Stellagen zeigt er seine halbseidenen Aquarelle, die er südlich der Alpen oder von Postkarten gemalt hat: Schloßterrassen, Segelboote, galoppierende Pferde am Meeresstrand.

Die Bahnhofstraße, geschäftsbunt und verkehrsbelebt, an jeder Ecke eine Bierkneipe, eine Rostwurstbude, ein Brezelstand, geht hinter Dudweiler- und Betzenstraße, die sie wie Doppelachsen kreuzen, in die Puppenstube des St. Johanner Marktes über. Entlang der renovierten Barockfassade tummelt sich gemischtes Volk: Gesetzte Leute vor „Haucks Weinstuben", junge Leute vor dem „Sankt J" auf der Straßenterrasse. Ein Clown mit roter Pappnase spannt ein Seil, das zwei Kinder ihm halten, schneidet es entzwei und beginnt jämmerlich zu heulen. Das reizt die Kinder zum Lachen, sie lassen das Seil fahren, jauchzen auf und zeigen mit gestrecktem Finger auf die Pappnase, die dem Clown auf die Backe gerutscht ist. Am Marktbrunnen werben Jünger einer Brudergemeinde mit Postern und Prospekten für ein Neues Jerusalem. Zwei Halbwüchsige mit roten Piratentüchern hocken auf den Brunnenstufen, fetttriefende Rostwürste am Wickel, und kümmern sich nicht ein bißchen um den Lockruf des Heilfastens, den die Jerusalemsjünger ausstoßen.

Nur ein paar Schritte weiter und wir betreten die Kartoffelkneipe, deren Speisekarte mit saarländischen Spezialitäten gespickt ist: „Gefillte", „Hooriche",

„Dibbelabbes", dazu Kartoffelsuppe, Kartoffeln gepellt, Kartoffeln gebraten. Eine ältere Dame bestellt Reibekuchen, zwei Portionen. Die Kellnerin warnt: „So viel packen Sie nicht." Die Dame: „Warten Sie's ab." In Saarbrücken schlachtet man keine Adler und Schlangen, um Zukunftsaussichten aus ihren Eingeweiden zu lesen; hier dient die Kartoffel zur Prophezeiung, der Kardinalsatz in der Speisekarte der Kartoffelkneipe gibt Erklärungshilfe, ganz auf Saarbrücker Art: „Heute ist die Kartoffel viel mehr als nur ein Grundnahrungsmittel." Es muß nicht immer Lioner sein! Wir zermalmen die krossen Kartoffelkrusten, schauen aus dem Fenster über den kleinen Platz auf Björns und Petras Goldschmiede, wo im Schaufenster Kanten und Krusten der besonderen Art zu sehen sind: Drusen des Amethysts in Achatmandeln.

Zum Verdauungsspaziergang flanieren wir hinab in den „Staden". Ein asphaltierter Pfad, dem alten Leinpfad mit verankerten Bodenringen folgend, führt flußaufwärts zu Römerbrücke und Römerkastell, an die es nur noch die Erinnerung in den Straßennamen gibt. Staatstheater, Musikhochschule, Saarland-Museum: Der Ausflugsdampfer „Ursula" gleitet an ihnen vorbei, buntgekleidete Kinder winken zu den Musentempeln herüber, ihre Lehrer sitzen unter Deck bei Wein und Vesperbrot. Unter der Bismarckbrücke hindurch, von der Willi Grafs Freund Bollinger das Abziehgerät der „Weißen Rose" in den Fluß warf, spazieren die Nachmittagsflaneure zu den Blumenrondellen im gepflegten Grün. Zur Linken, hinter Sandsteinbalustraden und Pavillons, reihen sich restaurierte Jugendstilvillen, zur Rechten fließt die Saar. Über dem Fluß, auf weißer Betonwand, verläuft ein Comic-Fries mit lustigen Figuren, die alle in den Himmel schauen, Bergmann und Brezelbäcker, Schneemann und Nikolaus, Jäger und Hirsch. Gestutzte Platanen, knorrig und kauzig wie die grünbehaarten Gnome von Hieronymus Bosch, säumen den Pfad, auf hohem Sockel reitet der behelmte Bronze-Ulan zum Gedächtnis der „treuen Wacht" seines Regiments von 1870. Hunde bellen, Amseln flöten; wo gestern noch die singenden Sägen der Baumchirurgen aufjaulten, erklingt heute Operettenmusik.

Am Abend geht's zur Fledermaus ins Theater, zu Maurice Ravel ins Konzert, zum Nachtfilm ins Freilichtkino oder, wer Alternatives bevorzugt, zur Sommerfete ins Nauwieser Viertel, zur „Teutonisch Jiddischen Rhythm Band" aufs Altstadtfest oder zum Tanztee in den Deutsch-Französischen Garten. „Der *Saarländische Sommer* ist ein Dauerbrenner", sagt Diether Breitenbach, Minister für Wissenschaft und Kultur: Mit Workshops und Festivals, mit Rock und Blues dauert er bis Ende September. In Saarbrücken wird er, wenn das Wetter hält, gar kein Ende nehmen. Ein Tag in Saarbrücken kann über das fürdere Leben entscheiden. Es hat Menschen gegeben, die hergekommen sind, nur um einem entfernten Verwandten einen guten Tag zu wünschen oder um Hans Dahlems Bild „Erinnerungen an Alfred Jarry" im Künstlerhaus zu sehen –, Menschen, die eine Stippvisite für ein Wochenende geplant hatten, doch bis an ihr Lebensende hier geblieben sind.

Es werden sogar die Saarbrücker, die sonst alles erklären können, vergeblich nach Worten ringen, um die Anziehungskraft ihrer Stadt einleuchtend auszudeuten.

Saarbrücken, St. Johanner Markt Beim Altstadtfest trifft sich hier jung und alt in den Straßencafés, gesetzte Leute vor Haucks Weinstuben, junge Leute vor dem Sankt J., Pfälzer und Lothringer gesellen sich zu den Einheimischen bei saarländischem Bier und elsässischem Riesling.

S aarbrücken, Blick vom Schloß auf die Saar und St. Johann: An der Schloßmauer entlang führt eine Treppe zur Alten Brücke, über die man ins belebte Stadtinnere gelangt. Schon Goethe erblickte in der kleinen Residenz *einen lichten Punkt in einem so felsig waldigen Lande.*

KARSTADT
KARSTADT

Saarbrücken, Ludwigskirche: Das schöne Bauwerk, Wahrzeichen der Stadt, entworfen von Friedrich Joachim Stengel, benannt nach Fürst Ludwig von Nassau-Saarbrücken, ist eine protestantische Zentralkirche des Barock. Auf dem Wochenendmarkt tummeln sich Händler von diesseits und jenseits der Grenze, Bauern von der Lisdorfer Au mit saarländischem Frischgemüse, lothringische Metzger mit gebratenen Hähnchen und pfälzische Türken mit ihren orientalischen Delikatessen.

Saarbrücken, Ludwigskirche: Der Innenraum der Kirche, weiß, elfenbeinfarben und rosé getönt, strahlt eine schlichte Festlichkeit aus. Wer seine Blicke aufmerksam spazierenführt, entdeckt in der Höhe des Raums das Auge Gottes.

Saarbrücken, Alter Kran: Der alte Saarkran, dem barocken Vorbild von Baumeister Stengel getreu nachgebaut, steht seit 1990 an der Wilhelm-Heinrich-Brücke. Er funktioniert sogar und schwenkt seinen Hebearm, als sei er ein Arbeitsglied in der modernen Binnenschiffahrt.

Aus Saarbrücken heraus, linker Hand der Saar über Gersweiler und Klarenthal, erreichen wir nach einer Viertelstunde Autofahrt das ausgedehnte Waldgebiet des Warndts. Alte Forsthäuser in fürstlichen Jagdgründen, wie das ehemalige Jagdschloß von Ludweiler, erzählen fast schon vergessene Waldgeschichten, stillgelegte Zechenhäuser auf überwachsenem Grubengelände, wie das alte Zechenhaus der Grube Velsen, berichten frühe, in Erinnerung gebliebene Bergwerksgeschichten in einer Gegend, die immer noch ein Hauch alter Sagen durchweht. Bei Karlsbrunn fanden zu Anfang des Zweiten Weltkriegs Soldaten beim Bau einer Geschützstellung einen Faustkeil aus der Altsteinzeit, im Postamt von St. Nikolaus gehen vor Weihnachten Briefe von Kindern aus aller Welt an den Nikolaus ein.

Aus dem Warndt heraus, durch aprilfrisches Wiesengrün, fahren wir aufs offene Land, durchqueren Überherrn und Altforweiler und steigen nach Berus hinauf. Forsythien und Schwarzdorn sind in voller Blüte, und in Hausgärten blühen die vornehmen Magnolienbäume. Berus, von weither auf seinem Steilfels zu sehen, ist eng gebaut und erinnert mit Burg und Torhäusern an die spätmittelalterliche Lothringerherrschaft. Unterhalb des Kirchturms, im Friedhof über dem Steilhang, blühen üppig gelbe und violette Stiefmütterchen auf den Gräbern. Eine Frau häckelt die frische, tiefschwarze Erde und schaut hin und wieder zu einer Katze, die auf der Mauer in der Sonne sitzt und sich putzt. Straße und Gehsteige sind frisch gepflastert, die Häuser mit farbigen Fensterstürzen, kaffeebraun, ochsenzungenrot, zitronengelb, putzfrisch renoviert. Das Dorf neigt sich zum alten Stadttor hinab, die Schießscharten in der Mauer sind blind geworden, der Schlußstein über dem geschmückten Rundbogen verwittert. Nichts ist mehr darauf zu sehen, nichts zu lesen.

Die Statue der heiligen Oranna vor der Pfarrkirche trägt das Ohr eines Riesen in der Hand. Fromme mit Ohrenleiden rufen sie im Gebet an, sie pilgern auch nach ihrer Kapelle ins Wäldchen nahe der Grenze, wo die Heilige als Brunnenfigur vor dem Kirchlein und als Altarfigur im Innern mit einem Ohr in der Hand abgebildet ist. Dem Grubenunglück von 1962 in Luisenthal ist ein Ölbild des Malers Fritz Zolnhofer gewidmet: ein düsteres Triptychon mit Grubenlampen und Grubenhelmen, Schacht und Kreuz im zerspellten Gebälk. Im Altarraum glänzen Hortensien, Astern, Chrysanthemen in den Farben der Trauer.

An blühenden Rapsfeldern vorüber steigt die Straße nach Felsberg an. Auf der Höhe des Saubergs, über das geschwungene Dach des Verwaltungsgebäudes, das an die schwangere Auster der Berliner Philharmonie erinnert, streben die Funk- und Fernsehmasten von Europa 1 in den Aprilhimmel empor. Resedagrün schimmert die Ahornallee, die nach Leidingen hineinführt. Das Kirchdach trägt eine barocke Haube, auf der weiß getünchten Wetterseite prangt über dem mannshohen Kruzifix ein grüner Flechtenfleck wie ein zartblühender Frühlingsstrauß. Durch das Dorf, von der Straße gebildet, führt die Grenze: Auf deutscher Seite heißt sie *Neutrale Straße*, auf französischer Seite *Rue de la Frontière*. Hier die weißen, dort die schwarzen Nummernschilder der Autos, sie sind längst keine trennenden Farben mehr. Alfred Guldens Roman „Die Leidinger Hochzeit“ erzählt von den saarländisch-lothringischen Grenzfällen; er ist der Dichter aus Roden, „auf der Grenze zu Haus'“.

Im feuchten Gestrüpp, wo die Landstraße den Ihner Bach überquert, knistert und kracht es, ein Goldfasan stiebt aus dem Schilf und flattert über das Rapsfeld davon. Die Kirche von Ihn, mit drei einheimischen barocken Altären, ist reich ausgestattet mit künstlerischen Schätzen aus nah und fern: einer Rokoko-Kanzel aus Trier, einem Kreuzweg aus Lorentzen im Krummen Elsaß, einem Lesepult aus Perpignan im Roussillon und einem Osterleuchter aus Goa in Indien. Die Farben sind fahl geworden und blättern ab, doch die Rostflecken

Auf dem Saargau, Straße nach Hemmersdorf: Im welligen Muschelkalkland, das sich im Laufe der Jahrtausende spärlich bewaldet hat, finden sich versteinerte Schnecken und Ammonshörner am Boden, ist die Landschaft beiderseits der saarländisch-lothringischen Grenze ein liebliches Idyll geblieben.

der Nägelköpfe verleihen dem Antlitz der Dinge einen vornehmen Teint. Efeu wächst am Kerzenständer hoch, und in den Vasen blühen Schlüsselblumen und Wiesenschaumkraut.
Geschichten von urzeitlichen Eispalästen erzählt die Tropfsteinhöhle von Niedaltdorf. „Kalt und leer war es in dem Schneesaal", erzählte der Lehrer bei einem Besuch der Höhle, „dicke Eiszapfen hingen von der Decke herab, ein gefrorener See war in tausend Stücke zersprungen, und auf dem dicksten Block saß die Schneekönigin wie auf einem Thron." Die alte Gastwirtschaft, durch die wir Kinder in langer Reihe zum Abstieg in die Höhle geführt wurden, ist heute eine Rôtisserie, es wäre kein Wunder, wenn Elchherzen und Bärentatzen auf der Speisekarte stünden.
Vor dem Portal der Martinskirche von Itzbach steht ein Kommunionsjunge in grauem Jackett und schwarzer Fliege. Es ist Weißer Sonntag, die Kirchenfahnen wehen an den Masten, das Portal, von Tannengirlanden mit weißen Schleifchen umrankt, flankieren zwei Margeritenbäumchen. Der Junge trägt eine Kerze in der Hand und posiert dem Vater für ein Erinnerungsfoto. In idyllischer Ecke verborgen liegt das Itzbacher Schlößchen, einst von lothringischem Dienstadel bewohnt. Zwischen zwei Pavillontürmchen, vor efeuumwucherter Hauswand, schlummert ein kleiner Garten mit Madonnengrotte in der Nachmittagssonne. Von der Willibrord-Kapelle aus schauen wir über die Gräber des Kirchhofs hinauf zur Siersburg: Sie liegt wie ein olympischer Turm über dem Berg, der im Sonnenglanz wie eine Schale mit ewiger Flamme erscheint. Im Innern des Kirchleins herrscht schlichte Bäuerlichkeit: Taube, Fisch und Krone strahlen in bunten Farben als Sinnbilder in den Fensterscheiben. Der Kräutergarten, einem mittelalterlichen Hortulus nachgebildet, ist arg verwildert. Unkraut überwuchert die Heil- und Zauberpflanzen, aus den unscheinbaren Gewächsen schießt geil der Löwenzahn,

der auch die ganze Höhe von Eimersdorf mit seinem schrillen Gelb überdeckt.
Fremersdorf im Tal der Saar schmückt sich mit seinem Schlößchen, das man gar nicht sieht. Von bissigen Hunden bewacht, liegt es hinter Mauer und Zaun, ein Märchenmotiv. Vor der Peterskirche in Merzig sitzt die heilige Walpurgis in Bronze auf einem breiten Sessel. „Nach dem Besuch in der Kirche wußte ich, daß die rote Lampe nie nachgefüllt zu werden brauchte, denn Engel schützten das Licht, so daß es ewig brannte. Ich wußte auch, daß das Wasser im Taufbecken am linken Seiteneingang aus dem Jordan geschöpft worden war. Das Kreuz, das man mir auf die Stirn gedrückt hatte – es war Aschermittwoch –, sei der Staub von Blättern, die im Garten Gethsemane gepflückt worden seien, da habe ‚unser Herr Jesus Christus Blut und Angst geschwitzt'". So erzählt Gustav Regler, der in Merzig geborene Schriftsteller in seinem autobiographischen Roman „Das Ohr des Malchus" mit kaum merklicher Skepsis des Saarländers, der für eine Zeitlang die rote Fahne schwang. Am Seffersbach, der in gemauertem Bruchsteinbett die Stadt durchfließt, liegt das steinerne Schiff des Bildhauers Paul Schneider aufgedockt auf einer Steinplatte. Der nur sparsam behauene Stein, Gustav Regler zu Ehren gesetzt, zitiert den Weltbürger: „Wer aufbricht, stündlich vor sich selber/ hat sein Heim gefunden." Der Ahorn am kleinen Plätzchen blüht resedagrün, zwei Doppellampen am Bachsteg beleuchten den modernen Biergarten an der Ecke. Kinder, pink- und malvenfarben gekleidet, springen über das gepflasterte Plätzchen, drehen sich im Spielkarussell, klettern auf das steinerne Schiff, das sie zu abenteuerlichen Ufern trägt. Bei der Rückfahrt über die Bietzener Höhe schauen wir, vom Schaum blühender Kirschbäume umspült, ins Saartal hinab. Aus großer Entfernung betrachtet, sieht die Welt viel schöner aus.

Leidingen, St. Remigius: Das Dorf Leidingen liegt auf der deutsch-französischen Grenze. Hier die weißen, dort die schwarzen Nummernschilder der Autos sind die einzigen Landesunterschiede; doch schwarz und weiß sind längst keine trennenden Farben mehr. Das Kirchdach von St. Remigius trägt eine Haube, auf der Wetterseite der Kirche prangt ein grüner Flechtenfleck wie ein zartblühender Frühlingsstrauß.

Fremersdorf, Schloß: Hinter Mauer und Zaun, für Touristen verschlossener Privatbesitz, liegt das viertürmige Schlößchen der Wallerfangener Fabrikantenfamilie Villeroy de Gaulhau. Im Park, märchenhaft verzaubert, posieren barocke Putten auf ihren Sockeln.

Siersburg: Der Turmquader der zuweilen herzoglich-lothringischen, zuweilen kurtrierischen Burg liegt im Schnittpunkt uralter Straßen. Hier kreuzt sich die *Krumme Meil*, die von Straßburg kommt und an der Saar entlang nach Norden weiterführt, mit der *Königstraße*, die Metz mit Mainz verbindet.

Niedaltdorf, Tropfsteinhöhle: Unterirdische Kalkräume mit abwärts wachsenden Stalaktiten und aufwärts wachsenden Stalagmiten erzählen dem phantasiebegabten Betrachter Geschichten von urzeitlichen Eispalästen mit mächtigen Pfeilern und Wandspiegeln.

Von Saarbrücken aus saarabwärts gelegen gerät der Reisende in die dramatischen Bezirke der Industrie. Von Burbach und Fenne bis Ensdorf und Dillingen, zwischen abgewrackten Eisenhütten und florierenden Kraftwerken, sitzt der saarländische Stahlkocher unter schwarzem Gewölk und schürt Hoffnungsflämmchen für einen neuen Aufschwung. Völklingen, im Mittelpunkt dieser Zone gelegen, hofft am stärksten. Die Stadt, mit beeindruckenden Zeugnissen saarländischer Industriekultur, die bis in die allegorischen Ausmalungen der Versöhnungskirche reichen, betreut seit 1995 ein Weltkulturerbe der UNESCO: die Völklinger Hütte, ein stillgelegtes Stahlwerk aus der Jahrhundertwende, mit Hochöfen und Pumpenhaus, Handwerkergasse und Gasgebläsehalle.

Die Alte Hütte ist ein Kunstwerk aus Stahl: Pfähle und Streben, Treppen und T-Träger, Bühnen und Geländer, ein gestaltetes Ensemble geknickter Röhren und geschachtelter Platten greift sinnvoll ineinander, sogar die Schweißnähte der Hohlzylinder und die Nietenreihen der Stahlmäntel, in Schamotte eingemauerte Panzer und mit Asphalt ausgegossene Rinnen fügen sich kunstvoll in das zusammengehörige Ganze ein. Wo es am Stein fehlt, redet der Stahl. Er erzählt seine „Chargengeschichte", seine „Hochofenreise", und wo die Natur sich längst wieder vorgedrängt und mit Goldraute und Birken die Schamotte zerbrochen, den Asphalt gesprengt hat, schwelgt er im Reiz der Patina.

„Schichtwechsel" heißen die Kulturwochen der Alten Hütte, die Künste begegnen sich auf dem weitläufigen Gelände. In die Gasgebläsehalle lockt das Tanzstück „Titanic", in die Residerwerkstatt prächtige Fotos alter Glasplatten, durch die Handwerkergasse tönt ein Dreiklang aus Gedichten, Musikfantasien und Hammerschlägen plastischer Arbeiten der Kunststudenten von Wolfgang Nestler. Auf dem Fußboden der Schreinerwerkstatt sind Holzblöcke und Glasscheiben um einen spiralförmig ausgehöhlten Baumstamm gruppiert. Die Philosophie der Künstler, schwärmerisch Geist und Leben deutend, kokettiert mit der modernen Physik und feiert die Unschärfe der Kunst. Die Bildhauer bedienen sich der Sprache, um wortreich das Mißtrauen ihrer Kunst gegenüber zu zerstreuen. Holzblöcke und Glasscheiben brauchen nach der Ausstellung nicht länger als Kunstwerke zu gelten, die dürfen in den täglichen Gebrauch übergehen, wo auch

Völklinger Hütte: Das alte Stahlwerk mit Hochöfen und Pumpenhaus, Gasgebläsehalle und Handwerkergasse ist seit einem Jahr Weltkulturerbe der UNESCO.

Ellen Diesels Gedichte vom „Fingerabdruck des Farns“ und die Klarinettenfantasien des Japaners Aseon Han weiterwirken sollen. Am Ende klingt alles zusammen. Die Klarinette ächzt und stöhnt und läßt nur noch gefärbte Luft übrig: Es klingt, als fräse eine Schraube das Mark des Baumstamms noch einmal aus, als seufze der Farn noch einmal unter dem harten Fingerdruck der Kohle.

Von der Wehrdener Höhe aus entfaltet sich ein dramatisches Bild: Um Öfen und Röhren und dröhnende Stille schmiegen sich die Häuser der Stadt wie säugendes Kleingetier um die Zitzen eines Monsters aus Metropolis.

Heute ist die alte Hütte ein Kunstwerk aus Stahl: Pfähle und Streben, Treppen und T-Träger, Bühnen und Geländer, ein gestaltetes Ensemble geknickter Röhren und geschachtelter Platten greift kunstvoll ineinander.

Wo die Natur sich wieder vordrängt und mit Goldraute und jungen Birken die Schamotte zerbricht und den Asphalt auseinandersprengt, schwelgt der Stein im Reiz der Patina.

Völklinger Hütte: Im Unterschied zu Burbach und Neunkirchen wurde die mächtige Hochofenanlage des Stahlwerks der Fabrikantendynastie Röchling nicht niedergerissen. Immer noch überragt sie – heute als *Weltkulturerbe* – mit dramatisch gegliederten Turm- und Röhrengeflechten die Stadt.

Dillinger Hütte: Ende des 17. Jahrhunderts gegründet, einst Eisenlieferant für die Fortifikation der nahegelegenen Festung Saarlouis, entwickelte sich das Stahlwerk am Ufer der Saar zur einzig noch produzierenden Eisenhütte der saarländischen Stahlindustrie.

Saarlouis, Pfarrkirche St. Ludwig: Von Ludwig XIV. gegründet, erbaute sein Architekt Vauban die Festung an der Saar, eine nach allen Regeln der Fortifikationskunst funktionierende Bastion als französische Ausfallstellung zur Mosel und zur Pfalz hin. Nach 1815 von Preußen modernisiert, nach dem Deutsch-Französischen Krieg von 1870/71 geschleift, nach schweren Zerstörungen im Zweiten Weltkrieg neu gestaltet, ist Saarlouis heute die Kapitale an der mittleren Saar.

P
nur mit
Parkschein

Von den Steinen an der Grenze ist es nicht weit zur Saarschleife. Am Ortseingang von Orscholz führt ein Weg zur Cloef, einem steilen Fels hoch über dem Flußtal. „Tief unten windet sich die Saar um unversehrten, vom späten, satten Grün der Wiesengründe durchzogenen Wald. Fast schließt sich der Bogen des Stromes; unter uns, über dem fast zum Eiland gewordenen Wald, kreisen die Raubvögel. Gegen den leidenschaftlichen Takt der Arbeit, gegen Sorge und Frage, erhebt sich die Stille", raunt Reinhold Schneider, der katholische Dichter aus dem Badischen, und gibt dem Postkartenblick ein Flair von Geheimnis mit. Auf dem bewaldeten Bergrücken gegenüber der Cloef ragt aus den Baumspitzen die Burgruine Montclair hervor. Vom Parkplatz auf der Höhe zwischen Besseringen und Mettlach, an der alten Pfarrkirche von St. Gangolf vorbei, erreichen wir sie zu Fuß.

Auf rotem Splitt, über Stock und Stein, spazieren wir über den langgezogenen Berggrat. Es geht aufwärts und abwärts im Wechsel, rechts Tannen, links Buchen, an einzelstehenden Birken und Kastanienbäumen entlang. Zwei Spaziergängerinnen begegnen uns, eine im altmodischen Strohhut, die andere mit bayrischem Knotenstock. Die Sonne reißt schräge Lichtstreifen ins schattige Farnkraut, Felsbrocken sind zu Monsterköpfen, Bäume zu gestikulierenden Waldschraten geworden. Eine Eidechse zuckt wie ein Blitz, ein Pirol springt uns von Strauch zu Strauch voraus und lockt uns tiefer ins Gestrüpp, als seien wir Jorinde und Joringel im Märchenwald. Drei junge Männer kommen uns entgegen, gekleidet und frisiert wie Indianer in Fritz Steubens Roman „Der rote Sturm".

Vor Montclair angekommen, sehen wir rechter Hand im engen Flußtal unter uns die auslaufende Schleife der Saar. In der Flußmitte gleitet lautlos ein weißer Ausflugsdampfer. Die Ruine der mittelalterlichen Burg ist restauriert. Mauern und Türme strotzen in neubehauenen Bruchsandsteinen, die romantische Ruine hat sich in ein verwunschenes Ausflugslokal verwandelt, wo man im Burghof unter einem Bergahorn bei Kaffee und Kuchen sitzen und plaudern kann. „Morgen spielt eine Gruppe alte Ritter- und Minnesängermusik, da lohnt es sich, nochmal zu kommen", empfiehlt der Beschließer, „es werden auch Schulklassen erwartet, die sagen den Götz von Berlichingen auf und brauchen sich nicht zu genieren, wenn sie den deftigen Ausspruch aus dem Theaterstück über die Zinne rufen." Wir steigen ins Kellergewölbe hinab, wo ein kleines Museum Nachbildungen der Fundstücke aus der Frühzeit in Vitrinen zeigt: römische Mahlsteine und Rebmesser, Trensen, Sporen und Steigbügel, Äxte und Fußfesseln, Feldharken und Kesselhaken, Zinnkrüge, Zinnlöffel, Zinnteller.

Mein Schullesebuch erzählte die alte Sage vom deutschen und welschen Ritter beim Wettstreit um die schöne Grafentochter von Montclair. Auf dem Breitenstein, einer Felsplatte über dem jähen Abgrund, konnte der treue Deutsche seinen mit zwei Pferden bespannten Wagen in vollem Lauf wenden, was dem unbeständigen Welschen mißlang. Huf- und Radspur sind immer noch im weichen Stein zu sehen, zum Glück hat sich die böse Geschichte ins Gute gewendet und der Welsche braucht sich nicht mehr vor dem Deutschen zu verstecken.

Auf steilem Pfad geht es abwärts in Serpentinen zum Fluß hinunter, wo uns der Fährmann ans bevölkerte Ufer übersetzt. Forelle Müllerinart gibt es im Fährhaus zum Abendimbiß, alle Tische sind besetzt. Ein warmer Frühsommerwind säuselt in den Blättern, erst am Abend kommt ein kühles Lüftchen saaraufwärts geweht.

Auf der anderen Seite des Bergrückens liegt Mettlach, das Städtchen mit der Benediktinerabtei, die sich zur Fayencerie, und dem Alten Turm, der sich zum Kunstpavillon gewandelt hat. In Park und Kreuzgang sind Plastiken von Margret Lafontaine ausgestellt: Nutzlose Kunstmaschinen, die auf zärtliche Weise die hektische Arbeitswelt korrumpieren. Vorbei an einem mächtigen Gingkobaum, festlich mit Efeu drapiert, spazieren wir zum alten Klosterteich. Zwischen Seerosen navigieren Enten, ins Ufergras hingestürzt zerfallen Säulenaufsätze und Kapitelle und erinnern an alte Lesestücke aus dem Heimatkalender.

Saarschleife bei Mettlach: Von Frühjahr bis Herbst sind Einheimische und Fremde auf Ausflugsbooten unterwegs, die malerische Schleife des Flusses um den Berggrat von Montclair zu umschiffen. Am Saarufer haben Restaurants ihre Tische gedeckt, Wanderer und Spaziergänger zu bewirten.

Hinter Saarhölzbach, in Taben, Hamm und Serrig, sind wir schon im rheinland-pfälzischen Weinland angelangt. Hoch über dem Fluß auf vorspringendem Sandsteinfels thront die Klause von Kastel, eine von Baumeister Schinkel für den blinden Böhmenkönig Johann erbaute Grabkapelle. Im Dörfchen wohnte der Dichter Arno Schmidt und skizzierte die Landschaft in seiner unnachahmlichen Manier: „Da ist es sehr einsam, hinten an der Saar. Schluchten mit senkrechten Wänden aus triassischem Buntsandstein; haushohe Felskerle sperren den Weg, in rostroter Buschklepperrüstung, den riesigen Wackelstein als Schädel; ‚da kommen Berge, auf denen sollen Leute wohnen mit Ziegenfüßen; und, wenn man hinüber ist, welche, die schlafen sechs Monate lang‘– ich habe solche Stellen bei Herodot immer gerne gelesen."

Die römische Villa in Nennig: ein kleines Bajä

Der silberne Hahn auf dem Kirchturm von Tünsdorf ist groß und modern, er reckt den Hals und ist immerzu am Krähen. Was für ein Frühsommertag auf dem Gau! Im Sonnenlicht flirren die Gerstengrannen, das Weinlaub ist morgenfrisch und mastig, Klatschmohn und Wicken blühen heftiger als sonst, die Wiesen glänzen, als hätte jemand Geldstücke in den Klee geschüttet, rote Heller, gelbe Taler.
In einem Vorgarten in Butzdorf blinken Figuren in der Sonne, eine Musikantengruppe aus Bronze, ein Märchenidyll aus Gips, die Haustüren stehen sperrangelweit offen, die Läden sind weit heruntergelassen, die Leute tummeln sich auf der Straße und sind nicht einsilbig wie die Namen ihrer Dörfer auf dem Gau, wie Erft, wie Borg, wie Sinz. Sie diskutieren das Wetter, legen den politischen Kommentar der Saarbrücker Zeitung aus, besprechen die neuesten Gemüsepreise. Es ist warm, kein Lüftchen weht, ein Junitag in der saarländischen Campagna ist angebrochen, und Carmelina Vituzzi ist mit ihrer Saarbrücker Schulklasse unterwegs zur römischen Villa nach Nennig.
Im Garten des Landhauses von Nennig läuft mir eine Schulklasse von lauter Zehnjährigen in die Arme, ein Mädchen fragt: „Ist das ganze Haus von den Römern gebaut?" und unser Gespräch ist schon mitten im Gang, bevor noch die Lehrerin die schmale Holunderallee heraufgekommen ist und ihre Schäfchen gezählt hat.
Während die Mädchen im Gras rasten, stürmen die Buben in die Gewölbe der alten Heizkanäle. Auf jedem Säulenstumpf steht eine Plastiktasche, hinter jedem Mauerrest blitzt ein T-Shirt, Martini, Zebra-Markt, Athens Parthenon Greece. Die Mädchen fächeln mit Papierservietten, die Buben lärmen im Hypokaustum, vom Jägerzaun heben erschreckt ein paar Tauben ab. „Fräulein!" rufen die Mädchen, „die Buben sind schon alle im Tunnel!"
Hier ist alles römisch, das Gasthaus, die Bushaltestelle, auch Carmelina Vituzzi, mit gelbem Kleidchen, grünen Augen, schwarzem Zopf. „Nein", sage ich zu ihr, „nicht das ganze Haus ist römisch, nur der Fußboden." Herr Pohl steht in der Eingangstür, er ist Oberschlesier, lange Jahre hat er als Ingenieur gearbeitet, er kennt das Augenmaß der Form, den Feinsinn der Technik, auch die Tücke des Objekts. Tapfer verteidigt er die Latinität gegen die Rauhbeinigkeit der Holländer und Belgier, denen eine Mark Eintrittsgeld zu viel ist, nur um diese paar Steenchens zu sehen.
„Kinder", sagt Herr Pohl, „hier drinnen wird nicht mehr gegessen", und er erklärt die kunstvoll ornamentierten Medaillons des Fußbodenmosaiks. Der Junge schaut nach Löwe, Bär und Panther, Carmelina betrachtet den Orgelspieler und den Hornbläser. „Oh!" rufen sie, als Herr Pohl Alter und Ausmaße, Menge der Steinchen und Vielfalt der Farben nennt, „das hat uns gefallen!". Die Kinder gehen an den Bildern und Mustern vorbei, still und staunend, von der umlaufenden Balustrade aus schauen sie in die Tiefe des Raumes, der Löwe fletscht die Zähne, der Bär schwingt die Tatze, und der Hornbläser setzt eben das Mundstück seines Instruments an die Lippe.
„Ich möchte gern in der Römerzeit gelebt haben", sagt der Junge, „wegen der Kämpfe." „Und ich wegen der schönen Steine", sagt Carmelina und schüttelt

Nennig, Römische Villa: Das vor hundertfünfzig Jahren freigelegte und wiederhergestellte Fußbodenmosaik einer römischen Villa aus dem 2. und 3. Jahrhundert zeigt Szenen aus dem Amphitheater, Tiger und Wildesel, Fechter und Speerwerfer, kämpfende Gladiatoren. Die römischen Reste zeugen von friedlicher Begegnung zwischen Germanen und Römern im Raum von Saar und Mosel.

ihren schwarzen Zopf. Sie öffnet ihre gestreifte Umhängetasche, nimmt ihr Geldbeutelchen heraus und kauft sich eine Broschüre, das Führungsblatt des Staatlichen Konservatoramts Saarbrücken. Was haben die Herren konserviert? Was wollen die Gelehrten erhalten? Ist es nur dieser prächtige Mosaikfußboden oder sind es die Ideen der Alten, auf deren Dauer sie erpicht sind, das Ausgesetztsein der Kreatur, ihr stoisches Widerstehen, die Selbstbeherrschung in der Form? Draußen im Garten der Villa blühen Kartoffeln und Rosen, die weißen Kelche der Zaunwinde neigen sich über eine fremdartige Frucht, Wirsing und Rotkohl sind fest im Blatt. Während ein Belgier, mit Wadenstrümpfen und grünem Rucksack, seine japanische Kamera auf Bronzeschnallen und Tafelgeschirr richtet, haben sich die Buben der Schulklasse schon wieder in den Heizungsgraben verlaufen und spielen Tiger und Wildesel, so wie sie es auf dem Medaillon des Fußbodens gesehen haben. „Wahrlich, nahte sich hier vom Golf von Neapel ein Fremder", erzählt Ausonius, „Dächt er, es habe der Gegend das heimische Bajä ein kleines / Abbild von sich geliehn: So lockt das glänzende Treiben / Hier, doch nimmer erzeugt dies lustige Leben Verschwendung."

Auf dem Spitzdach der Kirche steht der Turmhahn und schaut nach Süden, klein und golden und nicht in ekstatischer Gebärde wie der Hahn von Tünsdorf. Es ist römische Zeit, und die Sonne steht hoch. Noch bin ich längst nicht wieder bei den Figuren von Butzdorf, nicht bei den Zypressen von Schwemlingen angelangt, noch beuge ich mich über den offenen Sarkophag, der am Ende der Nenniger Holunderallee liegt, und noch einmal stellt sich Ausonius ein. „Es eilt das Geschick", ruft er, ja, es eilt unweigerlich, und schon ist auch die Sonne über den Zenit hinweg. „Was ist das?" fragt Carmelina, „ein Brunnen oder ein Grab?" „Es ist ein Grab", sage ich zu ihr, „aber es könnte auch ein Brunnen sein."

Steine an der Grenze

Links der Saar, über Hilbringen, Fitten, Büdingen verliert sich die Landstraße in den sanft geschwungenen Obst- und Felderlandschaften, die sich auf die andere Seite der Wasserscheide zur Mosel hinabneigen. Am Ortseingang von Wellingen folgen wir dem Schild „Internationales Bildhauersymposion" auf die Höhe, wo beiderseits des Grenzwegs behauene Steine hinter dem Feldrain, unter Bäumen, an abzweigenden Pfaden stehen und Zwiesprache halten im abgelegensten Stück Land an der Grenze. Paul Schneider, der dieses Symposion angeregt und eine Zeitlang betreut hat, rief Bildhauer aus aller Herren Länder, Deutsche, Franzosen, Luxemburger, einen Georgier, einen Tschechen, einen Japaner, einen Holländer, eine Israelin und eine Schweizerin mit den Worten herbei: „Die Grenze ist heute der einzige Ort fruchtbarer Erkenntnis." Und als die Sandsteine, Quarz- und Basaltblöcke an ihrem Ort lagen, fügte er hinzu: „Die Steine sind beredt geworden / Sie wollen mitteilen, verändern / Wollen, daß das Auge, die Hand, das Gefühl / Neues entdeckt." So sprechen die Steine vom neuen Schauen und vermitteln ein nie zuvor gekanntes Erleben von Wolken, Gras und Baum, sie erzählen vom Näherkommen, vom Begegnen, vom Zusammenrücken. Ein Mailüftchen weht über den stillen Bezirk und streut Apfelblüten auf die Köpfe der Steine.

Wer den Menschenauflauf nicht scheut und am 15. August zum alljährlichen Sommerfest kommt, ist verwundert, daß die Steine jetzt schweigen. Das muntere Völkchen von der Grenze ist unterwegs.

Landschaft bei Wellingen: An den blühenden Rapsfeldern entlang führt die Straße hinauf zum Bildhauersymposion *Steine an der Grenze*. Paul Schneider hat Bildhauer aus Ländern jenseits der nahen Grenzen, von Frankreich bis Georgien, von Amerika bis Japan eingeladen, ihre Idee von Freiheit und Freundschaft in Stein auszumeißeln.

Einige spazieren über die Festwiese, andere sitzen auf Holzbänken, alles schwadroniert und drängt zum Ehrenwein. Eine Dichterin sagt ein Mundartgedicht auf, saarländische, lothringische und luxemburgische Laute schwirren durcheinander, die Grenze ist aufgehoben, es scheint, als sei sie nie dagewesen.
Ein Drachenflieger schwebt ein, überquert die Autokolonne auf den Stoppelfeldern und landet hinter den Getränkebuden auf der Wiese. Energisch hebt der Kapellmeister den Taktstock, die Kapelle spielt „One moment in time", den Hit der Sommerolympiade von Los Angeles, hier klingt er wie ein Trauermarsch am falschen Ort. Die Fahnen sind gehißt, blau schwellt sich die Europaflagge zwischen Trikolore und Schwarzrotgold. Nun ist auch die „Confrérie de Cochon" aus dem lothringischen Sierck eingetroffen, ein saarländischer Abgeordneter wird zum Ritter des Schweineordens geschlagen. Demütig kniet er nieder, die Confrères, in gelben Umhängen, umringen ihn. Der Oberbruder, bärtig wie Robin Hood aus dem Hollywoodfilm, legt ihm das Schwert auf die Schulter und hängt ihm den Orden mit dem Schwein um den Hals. Schallender Applaus ertönt, der rasch zwischen den Buden verhallt. In der Ferne, hinter kreuz und quer gepflügter und eingeebneter Ackererde, dösen die Dörfer und Gehöfte in einem scheinbar ausgeklügelten Bezirk von Land-art in der Abendsonne dahin.

Quirinusritt

Der saarländische Wein wächst an der Mosel. Im Weindorf Perl, dem luxemburgischen Schengen gegenüber, wird immer noch die älteste deutsche Rebe, der Elbling, angebaut. Sie gibt einen frischen, strahligen Wein, der am bekömmlichsten im Freien zu trinken ist. Alljährlich am 1. Mai, angeführt von Pater Basilius Wintrath aus der Trierer Abtei St. Matthias, sammeln sich die Pferde der Umgebung zum traditionellen Quirinusritt über die Fluren und Weinberge der Umgebung: Ponys mit Mädchen in Sportkleidung, Indianerschecken mit Cowboys in Schottenhemden, Apfelschimmel mit Amazonen in Reithosen, Gespanne mit Kutschen und Kastenwagen, Pater Basilius in perlgrauer Kutte und der Darsteller des römischen Märtyrers im weiten, roten Mantel, der bis über die Flanke seines Fuchses fällt. Quirinus trägt das Kreuz in der Hand, plaudert mit den kichernden Amazonen vom Reiterverein, hebt den Helm in die Höhe und lüftet seinen verschwitzten Schädel. Waldhörner ertönen, der Kirchenvorsteher begrüßt Reiter und Gäste und gibt mit lauter Stimme den Start frei.
Während die Reiter unter Hörnerklang hinaus in die Felder ziehen, sitzen wir eine Weile bei einem Viertel Weißwein vom Faß am Rand der Festwiese und schlendern danach durch das Dörfchen, das um eine schlichte Pfarrkirche gebaut ist, deren Anfänge bis ins Romanische reichen. Wegkreuze sind unter Efeu verborgen, ausgemeißelte Brunnen- und Fenstersteine zeigen Wappen mit Äpfeln und Birnen, Fässern und Weinstöcken. Lange Zeit kehrt der Reiterzug nicht zurück, einige Leute spotten, der Pater sei vielleicht vom Pferd gefallen, der Heilige mit seinem Kreuzstab erschlagen und lägen draußen auf der Flur im Wassergraben. Plötzlich aber, von forscher Musikkapelle angekündigt, biegt die fromme Schwadron in die Straße ein, um vor der Kapelle des Heiligen den Segen des Paters zu empfangen. Hat Basilius die warme Maisonne nicht vertragen? Hat er vielleicht einen Hitzschlag erlitten? Ist er tatsächlich vom Pferd gefallen? Mit erhobener Monstranz sitzt er jetzt, müde und zerzaust, in einer Kutsche und segnet von einem Kissen aus. Die Cowboys ziehen den Hut, die Amazonen schlagen das Kreuz, der Kavallerist in Räuberzivil neigt ehrerbietig sein entblößtes Haupt. Der *Heilige* hebt sein Messingkreuz über die Köpfe der Neugierigen und reckt sich im unsichtbaren Sattel. Der äußerste Mantelsaum bedeckt die Kruppe des Tiers und reicht weit hinab bis fast zu den Kniekehlen.
Im Park von Nell, gegenüber dem Hofhaus des Trierischen Domkapitels, leuchten zartgrün die Ahorn- und Roßkastanienblätter. Auf dem Kirmesplatz dröhnt die Rummelmusik, Kinder in bunten Raumfähren drehen sich um eine Phantomrakete und katapultieren sich aus dem frommen Bezirk in ihre schönere Phantasiewelt.

Mettlach, Villeroy und Boch: Seit 1809 besteht die Steingut- und Porzellanfabrik an der Saar, die ihre Produkte in alle Welt liefert. Von bekannten Künstlern entworfene Dekors schmücken die weithin geschätzten Services der Manufaktur.

Saarschleife bei Mettlach: Durch den harten Quarzit des Orscholzer Riegels hat sich die Saar im Laufe der Jahrtausende ihr Flußbett gegraben. Das Landschaftsbild ist ein vielgeliebtes Postkartenidyll, das Touristen und Künstler magisch anzieht. „Gegen leidenschaftlichen Takt der Arbeit ... erhebt sich die Stille“, raunt der Dichter Reinhold Schneider und biegt die saarländischen Gegensätze poetisch zusammen.

Benediktinerabtei in Mettlach: Die im 7. Jahrhundert von einem fränkischen Adeligen gegründete Abtei, im Laufe der Jahrhunderte erweitert und in wechselnden Stilen ausgebaut, wurde in der Französischen Revolution teils zerstört, teils geplündert und kam in den Besitz der Fabrikanten Boch aus Luxemburg und Villeroy aus Wadgassen. Hinter barocker Fassade verbirgt sich heute die weltbekannte Keramikfabrik.

Mettlach, Alter Turm: Das Gebäude, ein ottonisches Oktogon, ehemals Klosterkirche, heute Wahrzeichen des Saarlandes, hat seine Anziehungs- und Ausdruckskraft bewahrt. In Park und Kreuzgang sind Plastiken ausgestellt, nutzlose Kunstmaschinen, die auf poetische Weise die Arbeitswelt verspotten.

Wellingen, Steine an der Grenze: Der Tscheche Milos Chlupac hat auf Paul Schneiders Symposion ein sich zugewandtes Säulenpaar aus Sandstein geschaffen. „Nur die Zusammenschau schafft Harmonie und führt zum Sinn“, schreibt Arthur Fontaine dazu in einem Gedicht.

Landschaft bei Sinz: Der Strohmann auf der Höhe des Moselgaus empfängt den Reisenden mit offenen Armen. Hier im Dreiländereck nahe der französischen und luxemburgischen Grenze tritt er als freundliches Symbol der europäischen Gemeinschaft auf.

Nennig, Schloß Berg: Auf einer Anhöhe mitten in den Weinbergen des Moseltals liegt Schloß Berg, einst Wasserburg aus dem 12. Jahrhundert. Im Zweiten Weltkrieg nahezu zerstört, erwarb die saarländische Landesregierung die obere Burg der zweiteiligen Anlage und baute sie zu Hotel und Spielcasino aus.

Weinberg bei Perl: An der Mosel, zwischen Perl und Nennig, wächst der saarländische Wein, ein eher politisches als natürliches Kuriosum. Der Landzipfel an der Mosel wurde im Zuge von Gebiets- und Verwaltungsreformen dem Saarland nach dem Anschluß an die Bundesrepublik Deutschland zugeschlagen. Alljährlich am 1. Mai findet der historische Quirinusritt durch die nahegelegenen Weinberge statt.

Nur ein paar Schritte hinter der Grenze, im weitläufigen Gräberfeld von Bliesbruck, empfängt uns Jean Schaub, der 1978 begonnen hat, in der Gemarkung „Steinfelder" nach und nach die Reste einer gallorömischen Siedlung freizulegen. In deutsch-französischer Zusammenarbeit entstand ein Europäischer Kulturpark: das Lebenswerk des unermüdlichen agilen Lothringers Schaub aus Sarreguemines. Im Hochsommer, am Ende der Schul- und Semesterferien, wenn die freiwilligen Helfer, Schüler und Studenten, ihre jährliche Arbeit geleistet haben, lädt Jean Schaub sie mit Gästen von diesseits und jenseits der Grenze zum Sommerfest an der Blies. Immer ist es ein schöner Tag im August, die Weiden am Fluß werfen mit ihrer hellen Blattunterseite silbrige Reflexe, Habichtskraut und Pfefferminze strotzen in vollem Grün, der Uferpfad ist sommerlich bewachsen, Schilf zur Rechten, Fetthenne zur Linken, und die Zweige mit den üppigen Blättern hängen tief über die Uferböschung.

Es ist römisch geworden an der Blies, seit die Ausgräber ihre Hacken und Schaufeln schwingen. Auf einer blauen Tonne ist in dicken Buchstaben „Site Gallo Romain Bliesbruck" geschrieben, sie steht neben einer Feuerstelle am Straßeneck, als sei sie eine wiedergefundene römische Mülltonne. Auch die Fundamentsteine des erschlossenen Siedlungskerns haben zu sprechen begonnen: Sie erzählen von Eisenschmieden und Bronzegießereien, von Backstuben und Töpferwerkstätten, und am Rande der Siedlung, unter sanft geschwungenem Dach, flanieren die letzten Besucher treppauf und treppab über die Stege des Thermalbads und lauschen den Geschichten vom spätkeltischen Bade- und Kurbetrieb.

„Was wir hier machen, ist einmalig auf der Welt", erzählt Jean Schaub, „manchmal fahren sich die Professoren an den Kopf, wenn die hierherkommen und nachschauen, was wir alles ausgegraben haben." Er begrüßt Monsieur Leroy, den Departementspräsidenten, einen umtriebigen Graukopf mit rosa Hemd und blauer Krawatte, und führt ihn in den römischen Getreide- und Kräutergarten, worin Erbsen und Wicken, Saubohnen und Dinkel, Einkorn, Gerste, Flachs und Hirse in sorgfältig gehäckelten Beeten wachsen. „In den Abfallgruben und Latrinenschächten haben wir Körner und Parasiteneier gefunden und auf diese Weise den Speiseplan der Gallier entdeckt", erzählt Jean Schaub, erwähnt die bakteriellen Untersuchungen des Universitätsinstituts von Homburg und schlußfolgert: „Durch unsere Nachforschungen ist die Archäologie der Pallas Athene auf die Spulwürmer gekommen." Jean Schaub, handgeschnitzt, ein gestandener Mann mit grauem Knebelbart und Embonpoint, greift jedes Problem von der praktischen Seite an, er ist kein blasser Intellektueller, kein Trockenspucker, er steht mit beiden Beinen auf der Erde. „Ein Mann ohne Bauch ist ein Krüppel", entscheidet er, „in Asien, wo die gescheitesten Leute wohnen, ist ein Mann ohne Bauch ein armer Mensch." Er steht da, breitbeinig und herausfordernd wie Vercingetorix, als wollte er sein Terrain gegen die ganze Welt verteidigen.

Im Gartenhäuschen von Reinheim hat er vor ein paar Tagen ein gallisches Hähnchen aus Bronze gefunden. Clemens Lindemann, der Landrat des Saarpfalzkreises, schmunzelt und meint: „Jean kam von Bliesbruck zu uns nach Reinheim herüber, er war noch keine zehn Minuten da, schon hat sein goldener Finger zugegriffen." Das bronzene Hähnchen geht von Hand zu Hand, im Nu ist der Kamm, im Nu der Schwanz glatt poliert. „Anderswo wäre er längst unter dem Glassturz verschwunden", sagt Jean Schaub, „aber wir Lothringer und Saarländer haben gern zwischen den Fingern, was wir lieben." Lothringer und Saarländer seien Gallier, mutmaßt er, man brauche uns nur anzuschauen und mit Abbildungen auf alten Münzen zu vergleichen. „Wo hört Deutschland auf? Wo fängt Frankreich an?", ruft er aus, „alles überflüssige Fragen!"

Am Abend stößt der lothringische Präsident mit dem Leiter der saarländischen Staatskanzlei an: Weinglas an Bierglas, das klingt auch! Wir haben uns im Festzelt an engen Tischen versammelt, trinken Elsässer Riesling, essen algerisches Couscous von glasierten Saargemünder Tellern, Gedeck „Obernai", worauf Elsässer Burschen mit ihren Mädchen beim Volkstanz zu sehen sind. Die Zelte der jungen Ausgräber stehen weit offen, schon sind ihre Kleider zusammengerollt, die Eßgeschirre gespült, die Rucksäcke gepackt. Der Sommer ist zu Ende. Ein Holzstoß ist aufgeschichtet,

Schwarzenacker, Römermuseum: Im Areal zwischen Mauern und Säulen, von Alfons Kolling nach dem Zweiten Weltkrieg ausgegraben und rekonstruiert, wirkten einst römische Schmiede und Schreiner, Stellmacher und Böttcher, Töpfer, Tuchwalker und Bildhauer, deren Werke im Römermuseum zu bewundern sind.

die Bänke im Karree gestellt. Nach dem Essen drängt es die jungen Leute zum Lagerfeuer, von unten prasseln die Flammen, von oben schimmert der Mond, eine Gitarre klingt auf, Monsieur Leroy, der Ratspräsident des Departements, hat längst vergessen, daß er Franzose ist, und hält einen Krug Bier in der Hand.

Goldmedaille

Von Walsheim zweigt nach rechts ein idyllischer Weg nach Medelsheim ab, dem Dorf mit vierhundertsechzig Seelen, das 1995 beim Bundeswettbewerb „Unser Dorf soll schöner werden" eine Goldmedaille erhielt. In der Pfarrkirche überrascht uns ein schmales gotisches Retabel mit schlanken Figuren, von bäuerlicher Arbeit abgehärmte Evangelisten und Bischöfe mit massigen Köpfen. Man darf sich nicht von Eternitgiebeln und Verbundpflaster, von rostenden Ölfässern in den Höfen und halbversteckten Müllbergen in den Hausecken beirren lassen: Die Schönheit des Dorfs beginnt außerhalb, wo von der Landstraße ein Kreuzweg zur Kapelle auf den Husarenberg führt. In den Reliefs der Leidensstationen beeindrucken uns die Kinderfiguren; vielleicht sind sie Kindern aus dem Dorf nachgebildet, einem Medelsheimer Knaben, der Pilatus die Waschschüssel hält, einem Medelsheimer Mädchen, das sich zu Tode erschrickt beim Anblick des kreuztragenden Jesus. Es ist still rundum, ein silberheller Vollmond glänzt am blauen Taghimmel, als sei ein Taler ans Himmelsgewölbe genagelt.
Hinter der Kapelle im umzäunten Friedhof, jenseits der Gräber zwischen Linden und Birken, verliert sich ein Fußpfad hügelabwärts in Wiesen und Gräben. Wer schon Mitte März hierher kommt, kann ein kleines Naturschauspiel erleben: An einem Sonnenhang blüht die Küchenschelle. Es sieht aus, als hätte Gott Pan zum Frühlingsanfang eine riesige veilchenblaue Decke über den Kalkboden gezogen. Unter dichtem pelzigem Haar leuchtet ein kräftiges Violett hervor, zu dem das Gelb der Staubblätter knallige Akzente setzt. An einer Schlehenhecke ist ein Grenzstein in den Boden gepflanzt, mit einem Fuß stehen wir in Deutschland, mit dem anderen in Frankreich. Der Stein ist grünspanfarben, mit Moos und Flechten überzogen. Ein Lüftchen weht, in der Ferne hat ein Bauer ein paar Schollenfurchen gepflügt. Unter der Straße gluckert das Bächlein durch ein enges Rohr, ein gemauertes Brückchen umschließt es wie auf Bildern aus alten Märchenbüchern.
Und wieder überqueren wir die Grenze, fahren durch Peppenkum und Riesweiler über den Berg hinweg nach Ormesviller. Wenn auf den Dächern des Dorfs das sanfte Abendlicht liegt, nimmt die Landschaft einen pastoralen Zug an. Auf dem Höhenzug steht die Kapelle des heiligen Joseph, wieder aufgebaut nach dem Krieg, als sie kein Ziel mehr war für deutsche Artillerie. Auf dem neukorinthischen Blattkapitell der Säule von 1880 steht der Heilige im Faltengewand mit dem Kind auf dem Arm. Die Abendsonne liegt auf der Rückseite des Gewandes, das zur Haltbarkeit mit Goldbronze gestrichen ist. Ein Kranz mit unverwelklichen Kunststofflilien liegt auf der Außenbank: zur Ehre der Gefallenen eines deutschen und französischen Regiments. In der Kapelle riecht es nach Weihrauch, aus der Wiese nach Thymian, die Düfte vermischen sich zu einem mittelmeerischen Odeur. Der Mond ist zum Horizont herabgestiegen, dort glänzt er hinter Bäumen, als hätten die Medelsheimer ihre Goldmedaille in die Zweige gehängt. Er wird erst untergehen, wenn wir zum Abendessen in der Eschviller Mühle eingetroffen sind.

Ein stiller Ort

Hoch über der Blies, auf der anderen Seite von Schwarzenacker mit seinem unter römischen Mauern gefundenen Gräberfeld aus der späten Bronzezeit, liegen die Ruinen des Zisterzienserklosters Wörschweiler. Der ganze Reiz des Aufstiegs zu den Mauerresten liegt in der Farbstimmung eines Spätsommertags. Am steilen Hang mit Brombeergesträuch und Goldrautengestrüpp entlang steigen wir an Robinien vorbei ins lichter werdende Gehölz. Der asphaltierte Weg geht allmählich in gemahlenen Schotter über, in den Gärten linker Hand leuchten aufgeblühte Malven, schwitzende Sandsteinplatten, von Farnkraut gesäumt, türmen sich rechter Hand auf. Hoch oben auf dem Plateau finden wir die Fundamente der Ruine mit den Mauerresten des Kirchenportals unter hohen Bäumen. Die Kapitelle sind von Wind und Regen zernagt, aus dem Grasboden ragen Maulwurfshaufen. Zwischen einem Waldstück mit grünen Linden und einer langen Reihe abgestorbener Ulmen dämmert das Gestein und raunt von alten Zeiten wie in Balladen aus dem vorigen Jahrhundert.
Ein stiller Ort: Säulenstümpfe, Figurentorsi, Gewölbereste mit Spalten und Nischen. Die Fundamente der Klostergebäude sind sockelartig restauriert, so daß wir mit etwas Phantasie aus wenigen Steinen die komplette Anlage erstehen lassen: Kirche mit Paradies und Schiffen, den Kapitelsaal und das Novizenhaus, Kreuzgang, Brunnenstube, Refektorium. An der Südmauer der Kirche stehen in einer Reihe nebeneinander dreizehn alte Grabsteine, bis in die siebziger Jahre des vergangenen Jahrhunderts noch von Schutt bedeckt. Die aufgerichteten Steine mit Porträts der Zweibrücker und Homburger, Kirkeler und Blieskasteler Herrschaften erzählen Geschichten vom springenden Löwen im Steinacker, vom schlafenden Schoßhund des Ritterfräuleins, vom abgerissenen Huf des Schlachtrosses. Unsere Freundin Heleen bleibt vor dem Stein der Enella von Bundenbach stehen, sie starb am 23. Juli 1333. „Heute an meinem Geburtstag ist ihr Todestag", sagt die Freundin, „sie starb auf den Tag genau vor 662 Jahren." Eben stößt ein Maulwurf, die Erde bröckelt, das Untere wird nach oben gekehrt, Bewegtes folgt auf Ruhendes, die Gegenwart wirft die Vergangenheit in den Orkus zurück. Aus dem Grün und Gelb und Braun von Mauerwerk und Laub platzt das giftige Blau einer Ökomülltüte.

Auf dem Bliesgau bei Walsheim: Das Muschelkalkgebiet des flachwelligen Hügellands beiderseits der Blies erscheint als ein Stück reiner Natur und widerlegt das Vorurteil vom düsteren saarländischen Industrierevier. Hier gedeihen Obst und Raps, blühen seltene Orchideen, findet sich auf versteckten Hängen die Küchenschelle.

Blieskastel, Rathaus: In den knapp zwanzig Jahren ihrer Regentschaft schuf Marianne von der Leyen ihre kleine Residenz an der Blies mit Schloß und Hofratshäusern, Pfarrkirche und Orangerie. Das Rathaus am Paradeplatz, mächtiger als ein Städtchen seiner Größe es erwarten läßt, repräsentiert die verflossene Pracht der gräflichen Herrschaft.

Schwarzenacker, Römermuseum: Hinter Homburg, dem alten Wohnsitz der Herzöge von Pfalz-Zweibrücken, liegt oberhalb des Dorfes Schwarzenacker die weitläufige Ausgrabungsstätte mit Resten einer römischen Siedlung. Unter den geborgenen Kunstwerken fällt die Statuette eines römischen Schutzgeistes auf.

Homburg, Marktplatz und Pfarrkirche: Die saarpfälzische Kreisstadt zu Füßen von Schloßberg und Karlsberg besaß schon im 14. Jahrhundert Stadtrechte. Hohenburg und Schloß Karlsberg gingen in der Französischen Revolution in Flammen auf, gerettet wurden Bibliothek und Gemäldesammlung. In der Alten Pinakothek in München sind heute noch ein Rembrandt, ein Chardin und ein Boucher aus Homburg der Betrachtung wert.

Wörschweiler, Klosterruine: Das alte Benediktinerpriorat, von Graf Friedrich I. von Saarwerden in der ersten Hälfte des 12. Jahrhunderts gegründet, später von Zisterziensern besiedelt, brannte schon 1612 nieder. Ein aus den Mauerresten erbauter Meierhof verfiel mit den Jahren und hinterließ die sagenumwitterte romantische Ruine.

Auf der Osterinsel im Pazifischen Ozean ragen seit der älteren Jungsteinzeit riesige Tuffsteinplastiken aus der Savanne; bei Carnac in der Bretagne ziehen sich seit den frühen Bronzezeiten granitene Steinreihen über die Hügel; im nördlichen Saarland, zwischen St. Wendel und Bosen, hat sich ein ganzer Landstrich in Polynesien und Bretonien verwandelt. Leo Kornbrust, der Bildhauer, und Felicitas Frischmuth, die Dichterin, hatten Karl Prantls Symposionsidee von St. Margarethen aufgegriffen und eine Reihe von Bildhauern ins Saarland eingeladen, um dort, auf der Baltersweiler Höhe, Sandsteine aus der Pfalz, Basalte aus der Eifel und Marmor aus dem österreichischen Grastal zu behauen.

Bildhauer sind Metaphysiker, ständig im Gespräch mit dem Stein, in dem sie irdische Kräfte vermuten. Im Stein wittern sie Leben und Geist, Kraft und Wahrheit, und obwohl sie mit nervigen Händen ein hartes, widersetzliches Material bearbeiten, ahnen sie im Stein die unsterbliche Seele, suchen sie, wie Leo Kornbrust sagt, die „innere Linie“. Er hat es nicht beim Figurenfeld bewenden lassen, ihm schwebte nicht allein das Wandeln, das Spazieren, das Schlendern zwischen Steinen vor, er dachte an eine Straße, auf der es voran, auf der es zu einem Ziel hin, auf der es in die schönere Zukunft geht.

Schon am Morgen zieht ein warmer Strahl über das Land. Schwarzenbach und Bosen, Güdesweiler und Namborn: Zwischen diesen kleinen Dörfern im St. Wendeler Land führt eine alte Römerstraße; auf der Baltersweiler Höhe schwingt sie sich über die neue B 41, ist zuerst felsig und sandig, taucht in Laub- und Nadelwälder, passiert Kartoffeläcker und Rübenfelder, läßt Wiesen und Brachland liegen. Sie führt durch Senken und Mulden, über Hänge und Hügel, eine stille Straße in heiterer Landschaft, fünfundzwanzig Kilometer des Saarland-Rundwanderwegs, am Grauen Dorn, am Schwarzen Kreuz, an der Teufelskanzel vorüber, entlang der alten Trierischen Landstraße, vorbei an der Nohmühle und der Eltzenbergermühle, ein paar hundert Schritte entlang des Bostalsees, hinauf zum Petersberg und hinunter nach Braunshausen. Welch ein Weg! Was für eine Straße!

Zu ihrer Eröffnung waren damals alle gekommen, die sich von den Steinen Geschichten erzählen lassen wollten, öffentliche und nichtöffentliche Damen und Herren von Stadt und Land, Volksbankdirektoren und Kulturreferenten, Lehrerinnen und Schulkinder. Jeannot, der Maler aus Luxemburg, war gekommen, mit Bauch und Bart das dämonische Gegenstück des keltischen Großkönigs. Der Vertreter des Deutschen Bundes für Vogelschutz im Ostertal stand unter Ölzants Ei des Vogels Roch, im grünen Habit und mit gestickter Krawatte, mit Bart wie der Förster vom Silberwald. Ein Schuldirektor erklärte die geologische Faltung, er beschwor die saarländischen Eruptionen, schwenkte seine Wünschelrute und raunte: „Der Stein steht für die Ewigkeit.“

Otto Freundlich ist diese Straße der Skulpturen gewidmet, dem jüdischen Künstler aus Pommern, der schon in den zwanziger Jahren eine europäische Skulpturenstraße schaffen wollte, eine Straße von Norden nach Süden und eine Straße von Osten nach Westen. Bei Auvers-sur-Oise, am Kreuzweg der beiden Straßen, sollte der Leuchtturm der sieben Künste stehen. Im Lager von St. Paul de Fenouillet, vor seinem Tod im KZ von Maidanek, schrieb Freundlich in sein Tagebuch: „Künstlerische Kultur war und ist immer dasselbe: Vorbereitung für die Zukunft!“

Die Zukunft ist angebrochen. Als Shelomo Selinger, der Israeli österreichischer Geburt und französischer Nationalität, seinen Stein „Requiem für die Juden“ freigab, sagte Rabbi Lipschitz aus Saarbrücken: „Es gibt Menschen, die haben Herzen aus Stein, und es gibt Steine, die haben Menschenherzen.“ Da hatten die Saarländer, gastfreundlich und empfindsam, wie sie sind, diese Steine der Bildhauer längst angenommen. Hier sieht man einen Bauern eine Weile auf Karl Prantls Walfischrücken sitzen, dort springen Kinder fröhlich um Togashis weißes Sonnenmal. Christian Mayer, Martin Schneider und Gerd Amann, die jungen Wilden, Leo Kornbrusts Schüler aus Bayern, arbeiten an der Teufelskanzel, Hiromi Akiyama, der Japaner, meißelt an seinem Fenster zur Land-

St. Wendel, Leo Kornbrust in seinem Atelier: Der einheimische Bildhauer mit weitreichendem Bekanntheitsgrad wohnt mit seiner Frau, der Dichterin Felicitas Frischmuth, in einem abseits gelegenen idyllischen Bezirk an der Blies. Er hat das bekannt gewordene Bildhauersymposion gegründet und arbeitet seit mehr als zwanzig Jahren mit seinen Kollegen an der *Straße der Skulpturen*.

schaft, und Bruno Kleber, der Frankfurter, spitzt einen gigantischen Eichenpfahl aus Otzenhausen. „Wenn sich da eine Mücke draufsetzt, und sie sitzt nicht richtig, dann dringt ihr der Pfahl ins Fleisch", sagt er, ein Satz über die Paradoxie der Freiheit, ein Satz wie von Sartre.
Ja, die Zukunft ist angebrochen. Leo Kornbrust sagt: „Aller Anfang ist schwer, aber nun ist mir ein Stein vom Herzen gefallen."

Am Bostalsee

Der Oktober ist golden, stahlblau der Himmel, ultramarin das Wasser, von einer bunten, friedlichen Armada erobert: Segelschiffe, Ruderkähne, Tretboote. Angler sitzen am Ufer, Enten gründeln im Schilf, ein Heer fröhlicher Wochenendausflügler bevölkert Liegewiesen und Grillplätze. Der See, eingebettet in sanftgewelltes Hügelland, lädt zum Spaziergang ein. Ein Rundwanderweg führt an Büschen und Riedgras entlang, Spätsommerfäden sind gespannt und glänzen im Sonnenlicht. Schon am Morgen sind kleine Wandergruppen unterwegs, eine Seniorenschar, eine Schulklasse, ein Liebespaar. Ein einsamer Radfahrer trägt auf dem Rücken seines T-Shirts den Seeadler, als sei er selbst der König des Gewässers, der auf den Grenzen seines Reichs patrouilliert. Bunte Herbstblätter haben die Blütenpracht ersetzt, die Hohlrippe ist holzig, das Waldweidenröschen pelzig geworden. In den Büschen glänzen kräftiges Beerenrot und -schwarz, schillern Goldtaler und Silbersterne. Im Winter werden sich die Duckenten um jeden Bissen Brot streiten, den die Spaziergänger übers Geländer werfen; Umwälzpumpen am Abfluß werden das Wasser bewegen, damit es nicht gefriert. Draußen auf dem See werden dann die Enten reglos auf der Schneedecke liegen, künstlerisch geformte Steine, hingeworfen aufs Eis.

Wanderkreise des Dichters

In der Mitte des Saarlands erhebt sich, zu seinen Füßen das Dorf Tholey mit gotischer Benediktinerabtei, *der Riese des Landes* und reckt seine *kräftigen Schultern, seine hohe Stirn*: der Schaumberg. Es ist ein Dichter, der das Bild geprägt hat, Johannes Kühn, in Bergweiler geboren, in Hasborn wohnend, in den umliegenden Dörfern zu Haus. Unermüdlich zieht er seine Wanderkreise *bis ans Ende der Gegend*, besingt Flieder und Holunderblüte, Sonnenblume und Weizenhalm, bespricht sich mit Bussard und Rabe, Katze, Fuchs und Distelfink, wendet sich an die *herbstlichen Flammen* der Alleebäume mit den *erschrockenen Wurzelfüßen* und gesteht: *Niemand liest aus die Schrift des Landwegs*. Johannes Kühn kennt seine Welt und liebt sie. In seinen farbkräftigen Landschaftsgedichten, seinen Tier- und Pflanzenbeschwörungen, seinen poetischen Erweckungen der Tages- und Jahreszeiten erschließt sich das Innere des Landes, das sein Lebenskreis ist. Die Landschaft selbst wird zum Dichter: *Über die Wendungen des Lebens schreiben die Hügelkämme hügelauf und hinab, unaufhaltsam, sandschwer, steinschwer, grasleicht, lufthell. Sisyphos, Sisyphos*! ruft er sich zu, schleppt die Steine, die auf seinen Straßen liegen, bergauf wie der griechische Sagenheld, auf den Lippen das unsichtbare Lächeln des Dichters, der sich als Benennender zum Herrn der Welt aufgeschwungen hat. *Mich verließ das Lächeln heut nicht*, dichtet er, *Stein rollte nach Stein bergab auf dem Hinweg der Wanderer, und der eine sah nach, ob sie sich nicht schichten zu einem Haus zum gütigen Ausruhn*. Johannes Kühn achtet auch das Gebaute, die gepflasterte Straße und den gemauerten Brunnen, den Bergfried und den Kirchturm und müht sich, die Steine zum Reden zu bringen.
Von seinem Ort aus ist er nach Westen bis nach Saarlouis und nach Osten bis nach St. Wendel gekommen. Die von Ludwig XIV. gegründete Festungsstadt an der Saar erscheint ihm als ein in die Neuzeit überkommener Ritter, *zugeharnischt*, und die Wendalinuskirche von St. Wendel vor Augen fragt er: *Hat der Dom nicht Hirtengestalt*? Für Johannes Kühn, katholisch erzogen, liegt das protestantische Ottweiler, von der Mitte des 16. Jahrhunderts bis zur Französischen Revolution von einer Nebenlinie der Grafen von Saarbrücken regiert, schon außerhalb des Bannkreises seiner Wanderschaften. Hier gibt es im Eck der verwinkelten Gassen immer noch das Café Tütchen, in dem wir evangelische Lehrerseminaristen gesessen und diskutiert haben. In den Abendschatten des massigen runden Wehrturms aus dem Spätmittelalter ducken sich die Giebel des alten Rathausplatzes, überragt vom Walmdach der früheren Markthalle, auf dem ein Dachreiter hockt. Hier, wo noch vor wenigen Jahren die Grubenschächte der Kohletäler bis an die Vorhügel der Stadt heranreichten, beginnt für Johannes Kühn die fremde Welt. Es drohen die Halden, die Schlote, die Fördertürme, es droht der schlammige Schlackenfluß: *Sein Dunst schlägt die Vögel in Flucht, abstumpfen die Sträucher von seinem Wasser. Gehetzter Hase kam an das Ufer und leckte, sein Aas stank durch Wochen und schwarz fielen Fliegen*.
Schon über den Rand seines Horizonts hinausgerückt liegt Neunkirchen, einst Eisenstadt, heute Einkaufsmetropole am Saarpark-Center mit Fotopoint und Runners Point, ein Klein-San-Antonio, wo statt Rasierapparaten der Braun Flex Control 4550 feilgeboten wird. Im Eiscafé Florenz sitzt ein Mann in den Fünfzigern, genüßlich über einen Becher mit Amarettoeis gebeugt, groß wie eine Blumenvase. Es gibt Julia- und Romeo-, Giotto- und Dolce-Vita-Becher, die Wände sind schwarzweiß gestreift wie florentinische Palazzofronten. Carl Ferdinand Freiherr von Stumm, einst Herr über Stadt und Stahlwerk, steht alleingelassen am Rande des Vorplatzes. Er ist in Bronze gegossen, trägt Hut und Mantel, stützt sich auf seinen Spazierstock und schaut über ein Kiosktempelchen hinweg auf C&A zur Linken des Saarpark-Centers. Hätte er Menschenaugen, sähe er dahinter auf die zum Industriedenkmal erstarrten Reste seiner Eisenhütte. *Aufgestocktes Denkmal des Schweißes*, klagt Johannes Kühn, doch *Leben ist besser als Denkmal und Stein*.

St. Wendel, Straße der Skulpturen: Ein viel bestauntes Unikum der Skulpturenstraße ist *Der große Fuß* des Japaners Yoshimi Hashimoto auf der Baltersweiler Höhe. „Ganz ruhig liegt er da“, sagt der Künstler, „gar nicht monumental, obwohl der dazugehörige Mensch, besser gesagt Riese, etwa sechsundfünfzig Meter groß sein müßte.“

Landschaft bei Baltersweiler: Der Charme der St. Wendeler Gegend beruht auf dem reifen, satten Erscheinungsbild dieses Naturbezirks. Johannes Kühn läßt die Landschaft selbst zum Dichter werden: „Über die Wendungen des Lebens schreiben die Hügelkämme hügelauf und hinab, unaufhaltsam.“

Bostalsee: Der künstlich gestaute See im nördlichen Saarland ist der ideale Mittelpunkt für sommerliche Ferien- und Freizeitgäste. Segelschiffe, Ruderkähne, Tretboote erobern die ausgedehnte Wasserfläche, Wandergruppen bevölkern Uferpfade und nahe Waldstücke.

St. Wendel, Hochaltar der Basilika: Der *Dom von St. Wendel*, wie man hier selbstbewußt die Pfarr- und Wallfahrtskirche St. Wendalinus nennt, ist ein spätgotisches Kleinod der Baukunst mit anspielungsreichen Stiftungs- und Erinnerungsstücken von Nikolaus Cusanus, dem einstigen Pfarrherren von St. Wendel.

Ottweiler, Rathausplatz: Von der Mitte des 16. Jahrhunderts bis zur Französischen Revolution residierte eine Nebenlinie der Grafen von Saarbrücken im Schloß zu Ottweiler. Der runde Turm und die alten Häuser mit Fachwerk- und Ziergiebeln bilden ein pittoreskes mittelalterliches Ensemble.

Es ist spät im Jahr. Rauhreif ist gefallen, ein dünner Eisschleier überzieht die Dächer von Weiskirchen, Wadern und Wadrill. Die Bauerngärten in den Hochwalddörfern sind winterfest gemacht, über Waldhölzbach hängen Schneewolken. Längst hat der Wirt des Forellenhofs Tische und Stühle zusammengestellt zwischen Gasthaus und Fischteich, der hinter drei Birken versteckt liegt. Wie schwarzsilbern glitzernde Pfeile schnellen ein paar Forellen aus dem Wasser hervor, zwei Gänse ruhen mit eingezogenen Hälsen am Ufer und schlafen. Ein Gemälde an der Hauswand wiederholt das wirkliche Bild aus dem Innern des Gastraums: Teller mit Hummer und Krabben, Steinkrug und Weinflasche – und wie aus dem Kuriositätenkabinett eine emporschnellende Forelle mit beleidigtem Gesichtsausdruck. Bei den Gedecken liegen silberne Messerbänkchen in Form ruhender Schwäne, die ihre Hälse eng an die Brust schmiegen.

Eine Winterfahrt entlang des Hochwalds kommt einer Schlittenpartie mit Andersens Schneekönigin gleich. Spaziert man dann vom Parkplatz zum Nonnweiler Stausee hinauf, gerät man unverhofft in die großen und kalten Säle der Königin: *Mitten drinnen in dem leeren, unendlichen Schneesaal war ein gefrorener See; er war in tausend Stücke zersprungen; aber jedes Stück war genau so gleich wie jedes andere, daß es ein ganzes Kunstwerk war; und mitten darauf saß die Schneekönigin, wenn sie zu Hause war, und dann sagte sie, daß sie im Spiegel des Verstandes sitze, und das sei das Einzige und das Beste auf der Welt*. Die Eisdecke scheint mit metallischen Noppen besetzt, der Waldrand am Seeufer ist von zauberischem Glanz überstrahlt: Mal einzeln stehende Bäume, mit Puderzucker bestäubt, mal Buschreihen, mit Glasperlen behängt. Wir spazieren an lamettageschmückten Fichten entlang, an glasiertem Riedgras, an versilbertem Ginstergestrüpp.

Ein zarter Nebelschleier fällt. Die Sonne drängt gegen den Dunst, doch es ist schon spät am Tag, ihre Kraft reicht nicht aus, und es dunkelt rasch. Der Habicht, der über dem Seeufer kreist, wendet sich ab und baumt im Hochwald auf. Noch sind Leute mit Hunden, sind Hunde mit Leuten unterwegs: ein älteres Paar mit Setter, ein kräftiger, hochgewachsener Rotschopf mit Bulldogge,

Nonnweiler, Stausee: Der Trink- und Industriewasserspeicher am Rande des Schwarzwälder Hochwalds ist ein reizvolles und ergiebiges Wandergebiet, als Kunststück ein Meisterstück der Natur – wie der saarländische Spurensucher Fred Oberhauser schreibt –, auch von Gästen der nahegelegenen Kurhäuser gern besucht. Paul Schneiders Steinbezirk hinter der Staumauer bezieht die schönen Künste mit ein. Ein gemeißeltes Band weist die Richtung zum nahegelegenen *Hunnenring*.

ein Zwergpudel mit einer Dame aus dem Kurhaus, der Pudel in rotem Mäntelchen aus der gleichen Wolle wie seiner Herrin Schal, die Dame im gekräuselten Pelz wie ihres Tierchens Fell.
Obwohl nur Stausee einer Talsperre, ist es ein kurioser, ein anmutiger See. Er hat, im Atlas auf den Kopf gestellt, die Form des Comer Sees. Fred Oberhauser, der literarische Pfadfinder und Spurensucher, schreibt über den doppelten Reiz der Sperre, die als Trinkwasserreservat und Industriewasserspeicher genutzt wird: *Das große „Kunststück" sieht man ihr dabei kaum noch an, sie sieht eher schon wie ein (Meister-)stück der Natur aus* – und kehrt mit launischer Verspieltheit in Andersens Reich der Schneekönigin zurück. Die Spaziergängergrüppchen verlassen das Seeufer und steigen die Treppe ins Dorf hinunter zu Kaffee mit Berlinern und Kamerunern, zu weißbeglänzten Sahnetorten, die auf den Tellern liegen wie kleine Felsbrocken, mit Eis behaucht.

Hunnenring

Wenn man am unteren Ufer des Nonnweiler Stausees nach rechts in den Wald einschwenkt, erreicht man auf einem bequemen Fußweg den *Hunnenring*, eine keltische Fliehburg aus dem ersten Jahrhundert vor Christus, die am besten auf der Fahrstraße von Otzenhausen zu erreichen ist. Vom Parkplatz aus geht es über Stock und Stein auf verschneiten Pfaden entlang der aufgetürmten Steinmassen des Mannfelsens den Dolberg hinauf. Zuerst sind es nur Bruchstücke des Steinwalls, die sich zwischen Busch- und Baumgruppen aufwölben, schließlich öffnet sich der Niederwald und die *Gallische Mauer*, im Gewirr des Wurzelgestrüpps oft nur als Fundament erkennbar, rundet sich in konzentrischen Dreiecken. *Der Wallring zieht als eine Krone über den Berg*, dichtet Johannes Kühn, *kein Gold, kostbarer wohl waren im Krieg derzeit die Steine.*
Am Fuß des Bergs versteckt sich hinter Bäumen der alte Weiher, in dessen lehmigem Ufer faustgroße Knollen von Spateisenstein vergraben liegen. Es sind Reste aus keltischen Erzlagern, *Lebacher Eier* genannt, wie sie häufig am Oberlauf der Prims zutage treten. Diese eigenartigen Steine, die petrifizierte metallische Einsprengsel bergen, lassen sich zerteilen und öffnen wie Überraschungseier aus Schokolade. Doch was herauskommt, sind nicht Anhänger und Ringelchen aus Trompetenblech, sondern plombierte Gebisse und galvanisierte Schwären, eingedampfte Dotter und grünspanüberzogene Eingeweide. Sie blähen sich auf und scheinen weiterzuwachsen, obwohl sie seit Urzeiten starr in der Erde ruhen. Unaufhörlich bricht der Maler Hans Dahlem diese versteinerten Urgebilde auf, zerlegt sie, ordnet sie, studiert sie und schafft sie neu. Auf einem Blatt Zeichenpapier, einem Blatt Aquarellpapier, einem Blatt Packpapier zeichnet, malt, radiert er seine Vision vom Entstehen und Vergehen.

Wald bei Nonnweiler: Von den ausgedehnten Waldgebieten des nördlichen Saarlandes nehmen die Laubmischwälder und Fichtenforsten des Schwarzwälder Hochwalds den größten Teil ein. Hier, am Südrand des Hunsrücks, führt die *Eichenlaubstraße* durch die Wälder und die Dörfer Wadrill, Wadern, Weiskirchen hinab zur Saar.

Otzenhausen, Hunnenring: Auf der Südspitze des *Dolbergs* – einer geschützten Stelle, wie das keltische Wort *tol* andeutet – liegt der sogenannte *Hunnenring*, ein vom keltischen Stamm der Treverer aufgerichteter Schutzwall aus dem ersten vorchristlichen Jahrhundert. Er rundet sich in konzentrischen Dreiecken, eine Steinkrone auf dem Scheitel des Bergs, wie der Dichter sagt.

Es ist ein klarer, frostiger Tag Mitte November, kein Lüftchen im Äther, kein Wölkchen am Himmel, nur der weiße Qualm wälzt sich aus den hohen Schornsteinen des Kraftwerks Weiher, dreht sich in dicken Spiralen aufwärts wie der Silberdampf aus den Essen des Bergwerks der sieben Zwerge. Schneewittchen scheint aus dem Küchenfenster von Forsthaus Wolfsgarten herauszuschauen, am Jägerzaun entlang führt die Straße bergauf, unterquert die Autobahn und neigt sich von Pflugscheid aus an Schocksberg und Heidenhübel vorbei wieder ins Tal.

Unterhalb Forsthaus Pfaffenkopf, gegenüber der Flur Jaquenborn, wo jetzt im Spätherbst das üppige Sommergestrüpp längst verdorrt und halb schon erfroren ist, trete ich mit Ellen Diesel in den Hochwald ein. Wir rascheln im Laub, scharren im Waldboden, suchen uns Pfade durch Klüfte und Klammen, die talabwärts ins Ungewisse führen. Breite Schneisen, vor einigen Jahren von heftigen Windbrüchen geschlagen, sind wieder überwuchert mit dornigem Gestrüpp, Schildflechte umhüllt ausgehebelte Wurzelstücke, Moosbart hängt von verdorrtem Astwerk herab. Mich weht ein frostiger Hauch an: Ist es tatsächlich das Ungewisse, wohin mich die kohlschwarzen Schlackenpfade lenken?

„Siehst du den Fingerabdruck des Farns in der Kohle?", fragt Ellen Diesel. Ein Mistkäfer schillert wie der schwarze Ritter von der Tafelrunde, eine Vogelbeere glänzt wie der Rubin in der Halskette der bösen Stiefmutter. Doch nur für mich ist dieses Waldstück das Ungewisse, ein weißer Fleck auf der Karte, die ich gehend und lesend erforschen und in mein Gedächtnis einzeichnen will.

Mit Fuß und Kopf folge ich Ellen Diesel durchs dichte Gehölz, in dem mir die Reisighaufen wie zerfallene Köhlerhütten und die gelb gewordenen Lärchenzweige wie Feenfinger vorkommen. Ellen Diesels Wegkarte sind die Gedichte, die ihr in diesem Wald eingefallen sind, ja, ihre Gedichte sind die Wegkarte, der wir folgen, Ellen hat dem Ungewissen seine Bedrohung genommen, ohne die Rätselhaftigkeit aufzuheben, doch sie braucht die roten Vermessungsstäbe nicht als Orientierungsmale für ihre entwirrende Phantasie.

Es ist ein paar Jahre her, seit sie als Saarbrücker Stadtteilautorin diese Gegend für sich entdeckt, in Gedichten beschworen und in einem Glossar erklärt hat. Beides gehört zusammen und dient uns jetzt als Wegbeschreibung für noch unerforschte Pfade: Vielleicht hat kein Mensch zuvor auf diese doppelte Weise Spur aufgenommen ins Unbekannte dieses abgelegenen Bezirks. Ellen Diesels Poesiealbum ist ein Gedichtband der dritten Art: Handbuch für Spurensucher, die in dem erklärenden Verzeichnis einen Leitfaden für Gedichte und in den Gedichten ein Vademecum für neue Wahrnehmungen besitzen. Verlassene Orte, verlorene Zeit werden wieder gefunden und wieder bevölkert mit Gegenständen und Gestalten, die eine hartnäckige Erinnerung dem Vergessen entrungen hat.

Der Ort: Von der Heydt. Die Zeit: Anfang bis Mitte des Jahrhunderts. Noch sind wir nicht angelangt. Noch tappen wir im gegenwärtigen Mischwald, klettern bergab durch einen Graben, an dessen Seitenhang zwei Quellenhäuschen liegen, aus Klinkerstein gemauert, mit Moos gedeckt. Aus den Häuschen springt Wasser in den Graben, zerläuft rasch in der Mulde und erstarrt im nächsten Augenblick zu Eis, das den Farn am Boden mit glitzernden Pailletten überzieht. Auch die Scharniereisen glänzen im Mittagslicht. Die Törchen sind ausgehoben und verschwunden, der augenlose Lurch aus der Brunnenstube floh in ein sicheres Versteck. Vielleicht sitzt er in der Regentonne von „Alwie's Gartenvilla", die zwischen Blautannen und Wacholderbüschen der alten Bergwerksdirektion gegenüberliegt. Bauer Alwie, einst Bergmann auf Grube Von der Heydt, ganz in Grün gekleidet und mit Hut aus Tarnstoff, begrüßt uns laut, schiebt den Hut aus der Stirn, knöpft die Strickweste über den Bauch. Er blinzelt seinen Gartenzwergen zu, die Drachen- und Saurierköpfe haben und sich nicht von der Stelle rühren. Das Soldatengrab oberhalb des Wegs ist über und über mit Laub bedeckt. Der Stein, eine grob ausgehauene Stockpuppe aus Granit, hat die verlorene Zeit überdauert und übersteht auch in seiner Unzerstörbarkeit den verlassenen Ort.

Von der Heydt gibt es nicht mehr. Die drei alten Roßkastanien, unter denen wir stehen und über den leeren Platz schauen, sind rauh und rissig, Stamm und Äste zu Knoten verwuchert, zu Beulen und Überbeinen verknorzt. Womöglich sind die Menschen aus den eingeebneten Häusern aus Hixberg und Engelfangen, wohin sie umgesiedelt worden waren, ins Dorf zurückgekehrt und nehmen nach und nach Baumgestalt an. Vor fünfzig Jahren hatte ich einen Schulkameraden aus Von der Heydt, wächst er nun als Baum am alten Dorfplatz? Hinter Schneebeeren steht noch der armierte Betonsockel einer alten Bank: Der Beton ist geborsten, niemand wartet mehr an der Haltestelle auf den Bus, der hier vor langer Zeit zum letzten Mal abgefahren ist. Wenn nicht zerbeulte Fantadosen im Laub herumlägen, könnte man denken, daß seit einem halben Jahrhundert kein Mensch hier vorbeigekommen sei.

Am Rand der Wendeschleife, versteckt unter Laub und Gebüsch, rieselt aus dem Dickicht das Wasser des Burbachs, fällt über einen behauenen Querstein, rinnt durch eine gemauerte Tunnelöffnung und durchquert unterirdisch den aufgeschütteten Platz. In der nahen Waldschneise brennt ein Holzfeuer, dessen Qualm lotrecht in die Höhe steigt. Eine Motorsäge rattert, Axthiebe knallen, Waldarbeiter laden zersägte und gespaltene Stämme unter kräftigen Hauruckrufen auf die Ladepritsche eines Kombiwagens. Der Holzfeuerqualm ist dünn geworden wie ein silberner Nähfaden und löst sich in der Luft in nichts auf.

Was übriggeblieben ist von Von der Heydt, steht seit ein paar Jahren unter Denkmalschutz. Vor dem unteren Schlafhaus, dem „Kasino", mit Muschelkapitellen am Rundbogenportal,

die sich über dem Okulus als Aufsätze auf dem Giebelrisaliten wiederholen, verrottet allmählich das Geländer des Musikpavillons; dahinter, kastellartig mit Türmchen und Zinnen als wilhelminisches Stollenmundloch gemauert, protzt der Eingang des alten Bierkellers. Im Wappenschild sind Hammer und Schlegel gekreuzt. Als wir beim oberen Schlafhaus, der „Kirch", ankommen, steht die Sonne schon schräg über dem Wald, durch den wir vor ein paar Stunden in das Dorf heruntergekommen sind. Das Mauerwerk des Gebäudes ist mit Flügelschrauben zusammengebunden, davor im gekiesten Hof steht ein versteinerter Baumstumpf, in den der Fettfinger der Kohle hineingegriffen zu haben scheint.

Die alte Parkstraße, einstmals mit glänzendem Geländer gesäumt, windet sich hinab zur Direktorenvilla mit dem Treibhaus im Garten, worin Orchideen gezüchtet werden. Das Geländer ist längst verrostet, der Asphalt der Straße gesplittert, nur die Orchideen unter dem Glasdach haben keinen Schaden genommen. Es ist Nachmittag geworden, die Sonne, hinter den Bäumen verschwunden, blinzelt jetzt durch die entlaubten Äste des Hochwalds. Wir spazieren dorfauswärts, geben Fersengeld an der Recyclingfirma vorbei: silberne Halden aus Aluminiumstäben, gelbe Halden aus Glasschutt, rotgrüne Halden aus Flaschenkapseln. Die Schweißbrenner zischen, die Metallpressen dröhnen, höllischer Lärm wie synthetische Musik aus einem Science-fiction-Film ist wiederbelebt mit dem fauchenden Atem unterirdischer Sagengestalten. Nach Hermes ist der Brunnen, nach Prometheus der Gesteinsprung getauft, und Amelung, nach dem die Schächte benannt waren, könnte gut und gerne der Name eines Mannen Dietrichs von Bern sein statt der des Bergassessors der Saarbrücker Gruben.

Das doppelte Stollenmundloch im Weiherbachtal, mit halbrundem Vorbau und kunstvoll gewulstetem Sims, ist zugemauert. Efeu wächst quer über den behauenen Sandstein, zugeschüttet von Laub liegen Schieferstücke am Boden. „Ich suchte die Fingerabdrücke des Farns in der Kohle", erzählt Ellen Diesel, „ich suche sie immer noch." Sie spricht von genetischen Fettfingerabdrücken, von Präformation und Chromosomenspiralen, doch wendet sie diese wissenschaftlichen Ausdrücke sogleich ins Poetische und sagt: „Heinrich von Ofterdingen suchte die blaue Blume und fand Gold in den böhmischen Bergwerken von Eula." Rotes Gold, schwarzes Gold! Gleichviel, die Senke von Eula hat sich in Ellen Diesels Gedicht in das Loch von Von der Heydt verwandelt: Die Ungewißheit von Akten und Urkunden erschließt sich in der Gewißheit der Poesie.

Neben der alten, schon vor Jahren umfunktionierten evangelischen Kirche ist ein bemoostes Boot aufgedockt, rätselhafte Ruinen recken ihre Rundbögen in die Äste, räderförmige Betonplatten liegen herum wie Säulenstümpfe in Delphi. Am längst stillgelegten Bahnhof ertönt Hundegebell und Gänsegeschnatter, der Wald ringsum ist von Grünspechten bevölkert. Es könnten auch Papageien sein. „Gleisende, Weltende", sagt Ellen Diesel und stößt den weißen Hauch ihres Atems in die Abendluft, „du bist auf gut Glück mit mir ins Blaue gegangen, jetzt bist du in der Zukunft der Vergangenheit angekommen."

In den alten Kohletälern ist diese Zukunft längst angebrochen. Von den zehn Bergwerken des Sulzbach- und Fischbachtals arbeitet nur noch die Grube Göttelborn. Anderthalb Dutzend Schächte sind vermauert, die Fördertürme abgerissen, die Schornsteine umgestürzt, die Maschinenhallen geschleift. Nur noch im *Imaginären Museum* prächtiger Fotobände sind sie zu sehen: das Mundloch des Heinitz-Stollens, die Dudweiler Scalley-Schächte, die Fördermaschinen von Landsweiler-Reden. Wenn auch nicht gänzlich vom Erdboden verschwunden wie das Dorf Von der Heydt, so fehlen doch in allen anderen Bergwerksdörfern die Denk- und Merksteine einer Industriekultur, die das Landschaftsbild der Kohletäler geprägt hat. Auf Fritz Zolnhofers Gemälde *Heimkehrende Bergleute* sind die abgehärmten Kumpel zu sehen, Hut auf dem Kopf, Hände in der Tasche, steif und stumm: Unter rotblau verschattetem Abendhimmel kommen sie auf regennasser Straße im Gänsemarsch daher. Ein orangefarbenes Häuschen hellt die Szenerie zwischen Schlackenhalde und Zechengelände auf, ein kräftiger Hoffnungsschimmer in dunkler Gegend.

Glück auf!

Neunkirchen, Stollenmund der Grube Heinitz: Von den zehn Bergwerken des Sulzbach- und Fischbachtals fördert nur noch die Grube Göttelborn. Das kunstvoll gemauerte Mundloch des Heinitz-Stollens ist ein verbliebener Rest der alten Industriekultur, um deren Erhaltung sich Vater und Söhne der Familie Slotta verdient gemacht haben.

Neunkircher Hütte: Das gegen Ende des 16. Jahrhunderts gegründete, von den Gebrüdern Stumm Anfang des 19. Jahrhunderts ausgebaute Eisenwerk bestimmte über hundertfünfzig Jahre den industriellen Aufschwung der Region. Heute stehen nur noch Reste der alten Hochofenanlage am Rande der Stadt, die sich anschickt, das Ende ihrer Eisenzeit zu überwinden.

Neunkirchen, altes Hüttengelände: Die Reste des stillgelegten Stahlwerks stehen vor der Restaurierung zum Industriemuseum. Zwischen Saarpark-Center (links) und Stummschem Kutscherhaus (rechts) liegen schon im wiederhergestellten Zustand Winderhitzer und Wasserturm. Dazwischen geduckt die alte Reithalle, dahinter die ausrangierten Hochöfen.

Bexbach, Bergbaumuseum: Im Hindenburgturm von Bexbach, der vom Kohlebergbau geprägten Stadt bei Neunkirchen, kann man – wie es in der Bergmannssprache heißt – in den Stollen *einfahren*. Eine unterirdische Bergwerksanlage mit ausgebautem Stollen und schlackengefüllten Loren suggeriert die Arbeitssituation *vor Ort*.

Bexbach, Bergbaumuseum: Die nachgestellte Küche eines Bergmannshauses aus der Zeit der preußischen Grubenverwaltung um 1900 zeigt die schlichte, doch geschmackvolle Wohnkultur des Bergmanns in seiner hohen Zeit.

Neunkirchen, Eisengießer: Der Neunkircher Eisengießer mit Schöpfkelle ist ein Beispiel realistischer Bronzearbeit der saarländischen Industriekunst. Von Fritz Koelles *Bergmann* von der Grube Reden aus den dreißiger Jahren bis zu Hans Schröders *Bergarbeiter vor Ort* im Heimatmuseum von St. Ingbert aus der Jetztzeit reicht die plastische Kunst, die sich um zahlreiche Beispiele aus der Malerei vermehren läßt. Bekanntestes Werk ist Fritz Zolnhofers Gemälde *Heimkehrende Bergleute.*

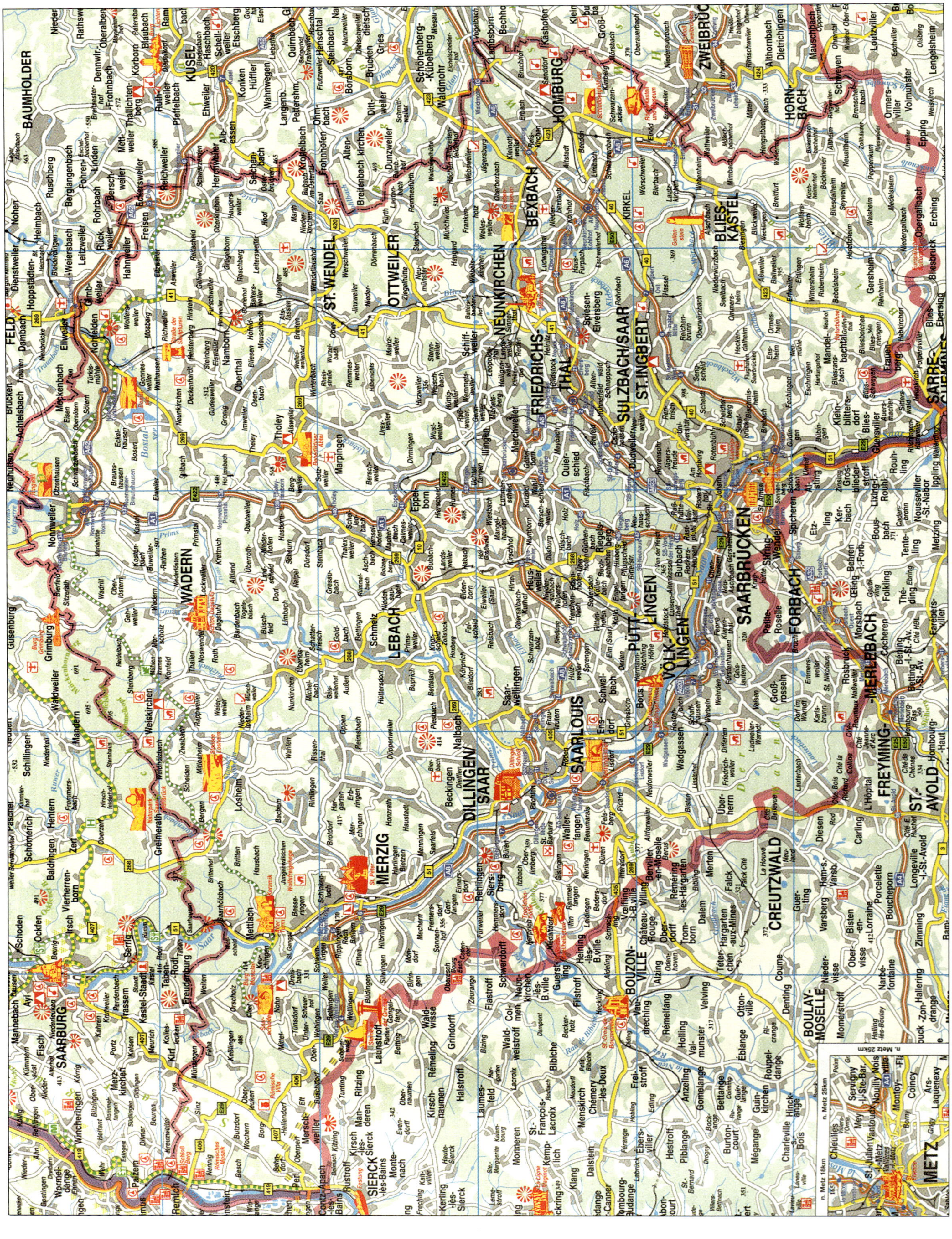
BAUMHOLDER
KUSEL
HOMBURG
NEUNKIRCHEN
ST. WENDEL
OTTWEILER
BEXBACH
KIRKEL
HORNBACH
ST. INGBERT
SULZBACH/SAAR
WADERN
LEBACH
SAARLOUIS
MERZIG
SAARBURG
SAARBRÜCKEN
FORBACH
FREYMING
CREUTZWALD
METZ